サイゼリヤ
元社長が教える
年間客数

2億人の経営術

堀埜 一成 Horino Issei

Discover

※本書は、著者がサイゼリヤに入社してから社長を退任するまでの23年間（2000～2022年）の経験をベースに執筆したものです。現在の同社が行っている経営方針や施策等とは異なる可能性があることをご了承ください。

プロローグ　サイゼリヤはなぜ定期的に「炎上」するのか

「最初のデートでサイゼリヤに行くなんてありえない」

ＳＮＳで定期的に上がってくる話題なので、ご存じの方も多いのではないでしょうか？

気合いが入った初デートであんな安い店に連れていくなんて、とんでもない！というわけですが、この手の書き込みがあるたびに、「なぜサイゼリヤデートが悪いのか！」と文句を言う人があちこちから現れて、その人たちが最初の投稿を「炎上」させるのです。

こうしたやり取りを見るたび、私はとても「ありがたいこと」だと思っていました。

一般に、デートに使うレストランは「ハレ（晴れ）」のレストランじゃないといけない、とされています。特別な日の「ハレ」の舞台となるべきレストランは、高級店がふさわしいというわけです。それを「ありえない」と感じる人がいるということは、サイゼリヤは「ケ（褻）」のレストランだと思われているということです。「ケ」というのは日常です。つまり、サイゼリヤは普段使いのレストランという認識なのです。

それこそ、サイゼリヤが目指している姿そのものです。

こんなこともありました。2人組の女子高生が歩きながら「どこに行こうか?」と話していて、「サイゼリヤでもいいよ」と言ったのです。私はそれもうれしかった。「最低サイゼリヤな」というのもいいですね。少なくともサイゼリヤなら文句はない、ということだからです。

「300円やそこらでうまいイタリアンが食えるはずがない」という安かろうまずか

ろう派と、「値段でしか評価できない人こそ味オンチだ」「実際、食べたらわかる」というサイゼリヤ擁護派の論争も、ＳＮＳで定期的にくり返されていますが、そのたびに「まずい」と言った人たちはやり込められ、いつのまにか姿を消しています。

つまり、炎上を起こすのは、サイゼリヤの悪口を言う人ではなく、サイゼリヤのファンの人たち、サポーターなのです。自分たちが好きで通っている店に「なんでそんなことを言うんや」というわけです。

こうしたやりとりに、「中の人」は一切関わっていませんでした。公式サイドが口を出すと、みんな引いてしまうからです。あれは、サポーターのみなさんの楽しみなんだから、自由に遊んでもらいましょう、そのように考えていました。

非公式アカウントが続々と誕生

サイゼリヤは「イタリアンは高い」という従来のイメージをことごとく覆してきました。みんなが平等に食べられるようにしようというのが、サイゼリヤの創業者である正垣泰彦会長の思いだったからです。それもあって、サイゼリヤでは、１０００円もあれば、いろいろなメニューを楽しめるようになっています。

１０００円でべろべろに酔える「せんべろ」ブームに乗って、１０００円で「サイゼ飲み」を楽しむための「サイゼリヤガチャ」[1]も登場しました。ガチャを回すたびに１０００円で注文できるメニューの組み合わせが出てくる仕掛けです。もちろんこれも非公式で、メニューが改定されるとすぐに内容がアップデートされますから、つくってる人もたいへんだなあと思って見ています。

X（旧ツイッター）でも、高校生がつくった「サイゼリヤ非公式」[2]というアカウントが話題になりました。学校の課題で、サイゼリヤのメニューを組み合わせ、その場でアレンジするアレンジメニューをまとめた「サイゼリヤ布教本」をつくり、それがバズったのです。

こうした私設応援団の活動には、会社は一切タッチしていません。自社でブランドを管理したい会社にとってはご法度かもしれませんが、「中の人」がちょっかいを出すと、明らかに「やらせ」になってしまうし、せっかくその人ががんばってやってきたことがムダになってしまうかもしれません。だから、一切関わらないし、「やめろ」とも言いません。

SNSでの議論は、すべてサポーターのみなさんの自由に委ねています。それで炎上することはあっても、不思議なことに、こちらに火の粉は降りかかってこないのです。

ミラノ風ドリアが料金や味のベンチマークに

ファミレスやファストフードの店内でも、よくサイゼリヤが話題になるようです。「サイゼリヤのほうが安いんちゃうか?」という声を聞いたことはありませんか?

1 https://saize1000bero.1nomi.com/
2 https://twitter.com/muritotoi

普段使いの店だからこそ、サイゼリヤはお客さまがお店を評価するときの、値段と味の基準になっているのです。

サイゼリヤに来たことがある人なら、ミラノ風ドリアが税込み300円ということは、誰でも知っています。だから、「これなら、ミラノ風ドリアが何皿食べられるよね」という会話が成り立つのです。

「ビッグマック指数」をご存じの方もいらっしゃるでしょう。世界中で売られているビッグマック1個の値段を比較することで、為替レートだけでは見えてこない、その国の経済力を測る指標となることが知られています。

ところが、日本国内に限って言うと、日本マクドナルドは円安や原材料費、人件費の高騰を受けて、何度か値上げをしています。さらに、都心店を中心に、立地によって価格差をつけるようになっています。そのため、ビッグマック1個の値段を聞かれても、即答できない人が増えました。

サイゼリヤの場合、ミラノ風ドリアは税込み300円、マルゲリータピザやタラコソースシシリー風パスタは税込み400円、若鶏のディアボラ風は税込み500円と決まっていて、その値段をずっと守っています。そのため、「この値段ならミラノ風ドリアが何皿食べられる」「パスタとチキンを頼んでも1000円でお釣りがくる」ということが、パッと頭に浮かぶのです。

だからこそ、サイゼリヤはほかの店の値段や味を評価するときのベンチマークとして使われるようになってきました。「ミラノ風ドリアが何皿食べられるか」という「ミラノ風ドリア指数」のようなポジションを獲得したわけです。

広告費は原価に回す

それだけ知名度が上がってきたサイゼリヤですが、いわゆるマーケティング的なことはほとんどやっていません。広告すら出していないのです。広告費を売上の5～8%かけるのがチェーンストアの相場とされているのですが、サイゼリヤにはそれがない。サイゼリヤといえば「安いレストランの代名詞」で、お店で出している価格そのものが広告になっているからです。

広告を出さずに浮いた分のお金は、原価に組み込まれています。つまり、原価率を他社より5～8％高くしても問題ないということです。**広告に回すお金があったら、少しでもいい食材を使って、お客さまに還元する。**価格と商品力でお客さまに訴求していくという考え方がベースにあります。

そのため、近くにサイゼリヤのお店があることが何よりも重要です。お店に来てもらわなければ、サイゼリヤのことを知ってもらう機会がないからです。でも最近は、近所にサイゼリヤが出店すると、私たちが何もしなくても、地元で話題にしてくれる流れができました。ユーチューブの動画などで、サポーターのみなさんがサイゼリヤを取り上げてくれて、サイゼリヤの存在が知れ渡っているから、ということもありそうです。

ユーザー体験はお客さま自身がつくるもの

サイゼリヤの使い方は人それぞれです。お店に来てもらえばわかりますが、サイゼリヤの利用者層は実に多様です。

遅いランチから夕方までのアイドルタイムには、高校生や子連れの主婦らがお茶をしながら会話を楽しんでいます。平日の開店直後はおじいちゃん、おばあちゃんがやってきて、ワインを飲んだりしている。ディナータイムは、サラリーマンの飲み会もあれば、一人きりで楽しむボッチ飲みのお客さんもたくさんいます。おじさんたちがワインを飲んでいる横で、子どもたちが駆け回ったりしています。それが違和感なく混在しているのがサイゼリヤなのです。

駐車場を見ても、ベンツのような高級車がずらりと並んでいるかと思えば、小型のファミリーカーがすぐ横に停まっていたりします。お金がない高校生も、お金に余裕がある富裕層も、ついつい通いたくなる魅力が、サイゼリヤにはあるようです。


経済はモノ消費ではなくコト消費が中心になってきたとよく言われます。モノがあふれる時代、お客さまがお金を出してくれるのは、商品そのものに対してではなく、ほかでは味わえない特別な体験（エクスペリエンス）に対してだけ、というわけですが、サイゼリヤには、お客さまの体験を会社がコントロールできるものではない、という発想が根っこにあります。

言い換えると、ユーザー・エクスペリエンスはお客さま自身がつくるものだ、ということです。**お店の利用のしかたも、アレンジメニューも、SNSでのクチコミやレピュテーション（評判）も、すべてお客さまに委ねて、こちらは一切関わらない。**お客さまが好きなように利用するから、そこに愛着もわくし、自分なりの攻略法も出てくるわけで、それを企業側が管理できると思うこと自体が、そもそもおこがましいのです。

クレーマーではなく、サポーター

サイゼリヤではなぜか安心して、大声でワイワイ騒げるという人も少なくないようです。ほかのお店だと、まわりの迷惑にならないように気を使うのに、サイゼリヤでは、その心配がないというのです。子どももいるし、サラリーマンの飲み会もあるしで、もともと店内がザワザワしているということもあるでしょうが、騒いでも許される店だと思われているのは、間違いないようです。

もちろん、度を越してほかのお客さまに迷惑をかけた人に「お帰りください」と言い渡すこともかつてはありました。ところが、そうすると「お願いだから、出禁にだけはしないでくれ」と頼まれたという話もあるのです。お店にしょっちゅう通ってくるような人ほど、文句は言っても、サイゼリヤのことが大好きなのです。

株主総会でも、「どこどこの店のコーヒーマシンが汚い」とか「故障してる」とか、わざわざ言いにきてくれる人がいます。そんなとき、私は「わかりました、担当に伝えておきます」と返すのが恒例となっていましたが、この人はクレーマーではなく、サポーターです。文句を言っているように見えて、お店をよくしたいと思ってくれているサポーターなのです。

サッカーでも、不甲斐ないゲームをしたとき、いちばん文句を言うのがサポーターです。彼らが「おまえら、何してるんや」と怒るのは、チームを愛しているがゆえです。イヤなことがあったら離れていくファンもいるかもしれないけど、そこを叱ってくれるのがサポーターです。そんな愛あるサポーターを、会社が管理することはできません。サポーターの好きにまかせるしかないのです。でも、その姿勢を貫いた結果、いまがあります。

イタリア人も認めた「マンマの味」

会社はお客さまの言動を管理することはできません。できるのは、商品やお店を管理することだけです。そのため、お店で出すメニューには徹底的にこだわります。

サイゼリヤの価格帯だけを見て「安かろうまずかろう」と連想する人は以前より確実に減ったように思いますが、そうしたイメージを払拭するためにひと役買ってくれたのが、ピエモンテ生まれのイタリア人通訳のマッシさんこと、マッシミリアーノ・スガイさんです。彼がまとめたｎｏｔｅの記事「サイゼリヤの完全攻略マニュアル」[3]は120万PVを超えるアクセスを集めました。

マッシさんいわく、「サイゼリヤは本当に最強すぎ。コスパは良すぎて量もあるし味も本場イタリアに近い。しかも、安い。イタリア人として、大満足でまるでイタリアに帰った気分になる。感謝！　Grazie Saizeriya!」とのことで、サイゼリヤを「マンマの味」と称して、べたぼめしてくれました。

東京にマフィアの末裔というイタリアンレストランの経営者がいて、その人も、サイゼリヤのパスタは家庭の味だと言ってくれました。パルマ産生ハムにしろ（本書執筆時点では、家畜伝染病の「アフリカ豚熱」の侵入を防ぐために輸入停止中。代わりにスペイン産のハモン・セラーノがメニューに並んでいる）、オリーブオイルにしろ、モッツァレラチーズにしろ、イタリアの食材をそのまま使っているからです。しかも、本場イタリアより安く提供できています。

なぜそんなことが可能なのかといえば、サイゼリヤがめちゃくちゃな量を買っているからです。

イタリアにあるレストランは大半が個人商店で、チェーン店というのがほとんどあ

3　https://note.com/massi311283/n/ncd5b81360362

りません。個人商店ですから仕入れる量には限りがあります。一方、サイゼリヤは国内だけで1000店舗強、海外を合わせると1500店舗以上（2023年8月）もありますから、扱う量がそもそも違います。

イタリア人でも買えない希少ワインを手土産に

たとえば、イタリアワインの消費量では、サイゼリヤは間違いなく日本一です。イタリアワインの輸入商社はたくさんありますが、彼らは販売しているのであって、自ら消費しているわけではありません。サイゼリヤはそうした輸入商社を通さず、直接輸入し、大半は自分たちのお店で消費しています。そして、だからこそ入手できる希少なワインもありました。

社長時代、私は毎年イタリアに視察に行っていましたが、現地には定点観測している仲のいいレストランがいくつかありました。そこに行くとき、希少性の高いイタリアワインを手土産に持っていくと、とても喜ばれました。限られた量しか生産されていないので、地元の彼らでも入手が困難だからです。

それはまとまった量を買うバイイングパワーの問題というよりも、ワイン生産者との個人的なつながりの問題だったりするのが、おもしろいところです。

役員の一人は根っからのワイン好きで、「値切れないバイヤー」として知られていました。値切れないから、全部相手の言い値で買ってくるわけです。でも、その値段は決して高くない。ジュゼッペ・リナルディという伝説のワイン造りの名手のおじいさんがいるのですが、ジュゼッペさんはバイヤーの彼をアミーゴと呼んでかわいがっていました。だから、名手の造る希少ワインを買えるのです。そういう濃いつながりの生産者が何人かいました。

バイヤーの彼は、自分が飲みたいワインを相手の言い値で買ってきます。ワインをやたらに高級品扱いするのを嫌っていたから、利益は考えていません。

日本人は高いものほどありがたがって飲むけれど、それはフランスワインの話なのです。フランスやカリフォルニアのワインは「売るためのワイン」だから、高い。でも、イタリアワインは「日常的に飲むワイン」で、地元の人はワインの酒蔵に瓶を持っていって、ワインを分けてもらう。それくらいカジュアルに楽しむのが、イタリアワインの本来の姿なのです。

お値段以上の100円ワイン

サイゼリヤのグラスワインは、税込み100円という値段から、粗悪品と揶揄されることもあるのですが、実は、フレッシュなイタリアワインを遠く離れた日本の地で味わってもらうために、すごくいい状態で運ばれてきていることは、意外と知られていないかもしれません。

ヨーロッパから日本に船で来るときは、必ず熱帯を通過します。そのとき温度が上がると、味が変わってしまうので、一定以下の温度に保つリーファーコンテナ（定温コンテナ）で、必ず船倉に入れて運んでもらっています。その温度を保ったまま、店まで運んでいる。そこまで手間のかかるワインを100円で提供しているのです。

そういう地味なことをコツコツ積み上げていると、わかる人にはわかってもらえるようです。バズレシピでおなじみの料理研究家リュウジさんが、ＹｏｕＴｕｂｅで取り上げてくれた動画「【泥酔】日本一サイゼリヤを愛している料理研究家が提唱する本当のサイゼリヤの楽しみ方【前編】[4]」もバズりました。

サイゼリヤには、扱っているワインの種類が通常店舗よりも多い「スペシャルワイン店」もあって、そこで「この値段でこのワインが飲めるの？」という掘り出し物に出会う楽しみもありますが、全店で扱っているテーブルワインも手を抜かない姿勢が貫かれています。

4　https://youtu.be/4sltBmPMgoQ?si=Ekv8KOyh9h2DID-f

オリーブオイルもイタリア品質

オリーブオイルもそうです。フレッシュなほうがおいしい。新鮮なオリーブオイルは、舌の上でピリピリします。苦いし、めちゃくちゃスパイシーなのです。

みなさんが口にしているオリーブオイルがまろやかで、マイルドな味がするとしたら、それは古いか、スペイン産の可能性が高い。サイゼリヤが提供しているのは、イタリアの認証がついたエクストラ・バージン・オリーブオイルだけです。スペイン産などの混ぜ物があると、認証を受けられません。

サイゼリヤのオリーブオイルは、お食事されるお客さまに無料で提供しているので、大量に消費します。そのため、めちゃくちゃ回転がいいわけです。オリーブオイルも、フレッシュなほうがおいしい。たくさん売れれば、それだけ回転が速くなるので、どんどん新しいものが入ってきます。

オリーブオイルは1年経つと味が変わります。年度替わりのときに、比較のために両方出すことがあるのですが、全然味が違います。ハウスワインにも年度替わりがあります。それくらい、鮮度に意味があるのです。
だから、たくさん出れば、店もうれしいし、新鮮なオイルやワインを楽しめるお客さまもうれしい。サイゼリヤの規模になると、そういうポジティブサイクルが、そこらじゅうで起きてくるのです。
そういうことは、日本で個人でイタリアンレストランをやっている人たちには知れ渡っているようです。「レストラン　ラッセ」のオーナーシェフ、村山太一さんのように、「サイゼリヤのオリーブオイルがいちばんうまい」と言ってくれる人もいます
(『なぜ星付きシェフの僕がサイゼリヤでバイトするのか？』飛鳥新社)。

ミラノ風ドリアを税込み３００円で出せる理由

１９７３年創業のサイゼリヤは半世紀の時をへて、国内１０５５店、海外４８５店（２０２３年８月期）まで店舗数を増やしていて、多くのお客さまに受け入れられています。看板メニューのミラノ風ドリアは１日１店舗あたり約１００食、つまり、毎日日

本中で10万食売れている計算です。

これだけ人気のある商品ですから、過去に何度もコンビニや冷凍食品の挑戦を受けています。実は、ミラノ風ドリアというのはサイゼリヤの完全オリジナル商品で、イタリアのミラノに行ってもそんなものはありません。ナポリタンが日本発祥で、ナポリとは何の関係もないように、ミラノ風ドリアもミラノとは無関係なのです。

ところが、「ミラノ風ドリア」が料理名として定着したせいで、他社も似たような商品を出してきます。サイゼリヤは「ミラノ風ドリア」を商標登録していないので、名前まで同じ商品もあります。

でも、**どれだけ他社から攻撃を受けても、サイゼリヤのミラノ風ドリアはびくともしません。**サイゼリヤと同等レベルのものをつくるには、日本では1000円を切ることも難しい。それをサイゼリヤは税込み300円で出しているのです。価格勝負をしようと思えば、品質を犠牲にするしかなく、味で対抗しようと思えば、値段を上げざるを得ません。だから、サイゼリヤの優位はそうやすやすとは崩れないのです。

では、なぜサイゼリヤはミラノ風ドリアを税込み300円という低価格で提供できるのでしょうか。広告費をかけないというのも理由のひとつですが、実は、もっと根本的な違いがあります。その秘密については、本書の中で明かしていくつもりです。それを読めば、サイゼリヤがただの「低価格のイタリアンレストランチェーン」ではないことがわかっていただけることでしょう。**圧倒的な安さとおいしさを実現できるのには、ちゃんとした理由がある**のです。

こんな会社、見たことない

ここまで、外から見えるサイゼリヤの不思議なところを挙げてきましたが、社内に目を向けると、さらに驚くべき光景が広がっています。

私は2000年にサイゼリヤに入社するまでの19年間、味の素株式会社で生産技術者として働いていました。プロパー社員ではない、外部から来た人間だからこそ、サイゼリヤに入ってビックリしたことがいくつもあります。

まず、原価計算がなかった。私が来た当初は、誰もまともに原価計算をしていませんでした。なのに、なぜか利益が出ているのです。

次に、ノルマがない。何をどれだけ売らなければいけないとか、売上はいくら以上とか、利益を何%出さなければダメといった制約がないため、店の裁量にまかされている領域が大きいのです。

それはたとえば、ライスやサラダの「盛り」に表れます。決められた数量どおりの「盛り」だとどこか貧弱に見えるから1・5倍、場合によっては2倍近く「盛る」店があったと聞いています。

「盛り」が少ないと、お客さまが足りないと感じてしまうかもしれないから、目いっぱい盛る。それは、「おいしいから食べてね」という心の裏返しでもあります。

消費期限が近づいた食材についても、少しでも利益を確保しようと思えば、できるだけ使い切ろうとするのがふつうです。ところが、サイゼリヤにはノルマがなかったので、そうした食材は早々に廃棄していました。そうすると、お客さまにはいつでも新鮮な食材を提供できる一方で、食材を大量に廃棄すれば食品ロスの問題が起きます。

でも、その解決策を考えるのは、現場ではなく、本部の役割だというのがサイゼリヤの考えです。

「性善説」で成り立っている会社

もうひとつ驚いたのは、社内政治がないことです。

出世が限られたポストをめぐる競争であるかぎり、程度の差こそあれ、どの会社にも、上司に媚びを売ったり、他人の足を引っ張ったりする人がいるはずだと思うのですが、サイゼリヤにはそれらしき人が見当たらない。なぜかというと、正垣会長がそういうことが嫌いだからです。会長はそんなことを言っても相手にしてくれません。上の人が聞く耳をもたなければ、社内政治など、はじめから意味をもたないのです。

一度会長に「なんで政治がないんですかね」と聞いたことがあります。すると、「上に行けば行くほど、しんどくなるようにしてあるから。人間、暇になると政治をするから、暇がないようにしておけばいいんだよ」と言っていました。

会長といえば、「人の悪いところが見えない」ということもよく言っていました。人の善いところしか見ないので、自然と会社も性善説が前提になっていく。そのため、これは聞いた話ですが、昔、店のお金を持ち逃げする人がいたそうです。ところがしばらくすると、「すみませんでした」といって戻ってきた。話を聞くと、「サイゼリヤは自分のことを人として見てくれた。よそは違う」と言うのです。だから「もう一度雇ってほしい」と詫びを入れてきたそうです。どこまで本当かわかりませんが、そういう人まで許して受け入れる度量の大きな会社でもありました。

親子三代、ずっと同じ店で働いている

長く働いてくれる人が多いのもサイゼリヤの特徴です。店はパートやアルバイトが中心ですが、10年以上働いている人もざらにいて、中には、親子三代にわたって同じ店で働いている人もいます。人の出入りが激しいレストラン業では、きわめてまれなことではないでしょうか。

それだけ店を好きでいてくれるのはうれしいことでもあるのですが、一方で、なぜ社員にならないんだろうという疑問もわいてきます。

これは私が社長になってからの話ですが、店を視察に行ったとき、パートさんに「なんで社員にならないの？」と聞くと、「ペーパーテストがあるから」という答えが返ってきたので、「じゃあ、それなくすわ」というわけで、パートやアルバイトが社員になるときのペーパーテストを廃止し、学歴も不問にしました。そのかわり、職場の仲間5人の推薦状を持ってきたら社員にするということにしたのです。

このような入社制度で社員となった人たちを「キャプテン社員」と呼んで、これまでのマネージャー候補の社員とは別に採用しています。

その結果、新卒の新入社員と並んで55歳のおばちゃんが入社式の写真に載っていたりしています。入社してから、仲間に書いてもらった推薦状を本人に渡すと、みんな涙を流します。自分のことを、こんなふうに思っていてくれたんだということがわかって、スタッフ同士の結束が固まるという思わぬ効果もありました。

長く働いてくれた従業員向けに、会長が持ち株の一部を会社に寄付してくれたので、それを元手に退職金制度（ＥＳＯＰ：従業員による株式所有計画）もできました。パートさんも20年働いたら１００株もらえる。20年も働くと、子どもが大学生になって学費がかかるなど、パートさんも一時金が必要になるからです。そこでいったん辞めて１００株を受け取り、もう一度働くことも認められています。

このように、サイゼリヤには、世の中の一般的な会社とは違う、不思議なところがたくさんあります。その秘密を、本書を通じて解き明かしていきます。それを読めば、そうした一つひとつの積み重ねで、サイゼリヤという「奇跡の会社」ができているることが、みなさんにもわかっていただけるのではないかと思います。

サイゼリヤ元社長が教える　年間客数2億人の経営術　もくじ

プロローグ　サイゼリヤはなぜ定期的に「炎上」するのか

第1章 「ないない尽くし」からのスタート ――創業時から受け継がれたサイゼリヤのDNA　41

第2章

入社してはじめてわかったサイゼリヤの真実
――農業、工場、商品企画、店舗オペレーション 61

第3章

プロパーではない「外様」社長として
——それまでの常識を覆す

第5章

次の「ミラノ風ドリア」を開発する
――ヒット商品のつくり方 163

第6章
サイゼリヤはなぜ中国で受け入れられたのか
――海外進出の成功法則 187

第7章

何があっても従業員を守る ——東日本大震災とコロナ禍における危機対応

第1章

「ないない尽くし」からのスタート
――創業時から受け継がれたサイゼリヤのＤＮＡ

儲けようという気がない

プロローグで、サイゼリヤには原価計算がない、ノルマがない、社内政治がない、という3つの「ない」の話をしましたが、これらの底流には、そもそも儲けようという気がない、というもっと大きな「ない」が隠されています。

まともな原価計算がなかったのは、「おいしいから食べてみて」というつくり手の良心が先にあるからで、たくさん食べてほしいから、決められた量以上に「盛る」店まで出てきてしまうわけです。そうした現場では、採算度外視とまでは言わないにしても、コストをきっちり管理して、とにかく一定以上の利益を出すという考え方はなじみません。

店にノルマがないのも同じ理由です。プロローグでも紹介しましたが、サイゼリヤには店ごとの売上目標などのノルマがありませんでした。コストを少しでも浮かせなきゃ、というプレッシャーがないため、誰も消費期限が迫っている食材を活用しようという発想にならないのです。ちょっと気前がよすぎないかと心配になるくらいあっさり捨ててしまうので、経営者としては、コスト面や食品ロスの問題が気になります。しかし、廃棄する量が多いのは、もともと店舗からの食材発注に難があるからです。自動発注の仕組みを進化させて、ロスを少なくするのは本部の役割です。とにかく店に負担をかけるな、というわけです。

他社と比べる発想がない

儲けてやろうという気がないことに加えて、サイゼリヤでは「他社と比べてうちは……」と言っている人を見たことがありません。「儲かっている会社のやり方を真似しよう」とか、「あっちがこうやってきたから、うちはこれでいこう」という考え方をする人が、そもそもいないのです。

裏を返せば、誰もやっていないこと、前例のないことばかりやることになります。他社を見ていないので二番煎じになりようがない。そのことが、結果として、サイゼリヤをほかのレストランとは似ても似つかない存在にしています。

競合の分析をしないということが、結果的に、他社との差別化につながっているというのは、なかなかおもしろい現象です。よそを見るから、そちらに引っ張られる。はじめから見なければ、似てしまうおそれはないのです。


競合を見ずに、誰のことを見ているかといえば、第一にお客さまです。目線をお客さまだけに集中する。見る対象を一元化すれば、余計なことを考えずに済みます。

二元になると、たとえばファミリーレストランの競合が視野に入ってきます。そうなると、お客さまはそっちのけで、競合のことばかり考えるようになる。それでは本末転倒です。

二元が必要なのは、成長を考えるときだけです。他社の数字と比較ができるからです。自社のどこが遅れていて、逆にどこがどれだけ進んでいるのか。そういうときだけ、競合を視野にとらえればいいのであって、ふだんから意識する必要はありません。私たちが見るべきなのは、つねにお客さまのこと。お客さまが何を欲しているかのほうが、はるかに重要です。

お客さまの要望もさることながら、ちょっとした不満の背後にも、いろいろな脆弱性が隠されています。そうした不満を一つひとつ丁寧に拾い上げて、問題解決していくことで、店はどんどん強くなっていくのです。

保温ポットでランチスープを提供

とはいえ、私は競合のことも見ていました。メーカー出身なので、もともと数字ですべてを説明する姿勢が身についているし、他社との比較で自社に足りないところを見つけては、インフラ整備に取り組むのが私の仕事でもあったからです。

サイゼリヤは順調に成長していましたが、組織が急拡大しすぎたせいで、足元がグラついているのは明らかでした。だから、足りないところを全部埋めていかなあかんというわけです。

まだ社長になる前、商品部にいた頃の私は、大手ファミレスをつねに意識していました。たとえば、サイゼリヤには当時ランチメニューがなかったのですが、どうしてもランチをやりたかった。ランチの時間帯だけは負けていることがわかっていたからです。

しかし、ランチメニューが軌道に乗るまでには、紆余曲折がありました。最後まで苦しんだのは、ランチ用のスープの導入です。ランチにはサラダを付けていましたが、本当は他社のようにセルフサービスのスープにしたかったのです。しかし、お客さまがスープ鍋の蓋を開ければホコリが入るし、スープが指にかかってしまうなど、衛生上の問題がいくつも発生します。そうした課題を解決する仕組みをつくりたいと、ずっと考えていました。

ヒントになったのは、アメリカで見たコーヒー専門店のコーヒーマシンでした。保温性能がめちゃくちゃ優れているポットがあったのです。これをスープに使いたいと考え、研究を重ねました。元はコーヒー用のポットなので、スープの塩分によってすぐに錆びてしまう。しかし、錆びるパーツは限られているので、品質保証部の人たちが代わりのパーツを提案してくれました。そのおかげで、すべての問題はクリアになったのです。

スープ用の保温ポットができたのは、私が社長になってからのことでした。それでランチメニューが完成し、ランチでも負けない体制ができたのです。

記録や履歴を残す習慣がない

「ないない尽くし」に話を戻しましょう。原価計算どころか、資料そのものがほとんどなかったことも、サイゼリヤに来て驚いたことのひとつです。

とくに本部では、報告書もなければ日報も月報もない。店舗や工場には一応日報がありましたが、ほとんど誰も見ていなかったように思います。従業員が提出したもので資料として残っているのは、履歴書くらいだったでしょうか。

店舗のオペレーションを記したマニュアルもあるにはあったけれど、ほとんど使われていませんでした。もちろん、財務資料などは法律に基づいて保管してありましたが、たとえば、人事部長に「歴代の本部組織を出してくれ」と言っても、履歴が出てこない。コンピュータには本部組織のファイルがあるものの、組織が新しくなるたびすべて上書きしているから、最新のものしか残っていないというわけです。

店は毎日開けて、毎日締める。リセットのくり返しが習慣として染みついているので、修正や改変の履歴を残すという発想が皆無でした。すべて上書き文化だったのです。

そのため、ノウハウが残らないという別の問題もありました。記録に残っていないということは、形式知化されていないので、それを取り出して教えることができない。「おれの背中を見て覚えろ」という技能継承の世界なので、マニュアルがほとんど機能していなかったのです。

私が取り組んだのは、こうした口伝に近かった「技能」を、継承可能な「技術」に変えることでした。技術というのは、文書化して、文書などの媒体を通じて引き継げるものです。媒体なしで、見様見真似で継承される技能とは、根本的に異なります。

新人教育の仕組みがない

「技能」が「技術」になっていないと、たとえば、こういう問題が起こります。

私は事業部長を務めたあと、後任者に引き継ぐために、これとこれとこれに取り組んで、それぞれこうなったという報告書をまとめました。ところが、後任者は一切それを見なかったらしい。報告書を「読む習慣」がなかったからです。

同じことはあらゆる引き継ぎで起きていて、店長の引き継ぎも、エリアマネージャーの引き継ぎも、一切ない。引き継ぎのために、わざわざ1か月期間をダブらせても、結果として、何も引き継いでいないのです。それぞれが一国一城の主で、他人のやったことは関係ない。そういう文化だったのです。

サイゼリヤは「背中を見て覚えろ」という職人気質の会社だったので、店に配属されたばかりの新人も、基本的には放置されていました。とりあえずマニュアル的なものは配布されるのですが、ほとんど誰も見ていません。

さすがにこのままではマズイだろうということで、事業部長時代に新人教育用のビデオを手弁当でつくることになるのですが、それは、見様見真似でしか伝えられなかった「技能」を形式知化して、継承可能な「技術」へと切り替える取り組みでもありました。その話は次の章でくわしく紹介します。

本部と店をつなぐ指揮命令系統がない

本部からの指令を受けて、各店舗がそれに合わせて動くのがチェーンストアだとすると、サイゼリヤはまったくそれらしくありませんでした。昔は「いちいち本部に聞かずに自分たちで解決しろ」という文化だったので、店長がその場で考えて対処するというのがふつうだったのです。それが、ノウハウが残らない、継承されないという問題にもつながっていたわけです。

これは何かというと、OODAループの世界です。OODAループとは、Observe（観察）、Orient（状況判断）、Decide（意思決定）、Act（実行）の頭文字をとったもので、刻々と変わる状況に臨機応変に対応するために、機動性の高い小さな組織——軍隊でいうと最小単位の分隊レベル——がとるべき行動原理を表しています。つまり、具体的な作戦行動は、生き残るために軍曹（店長）がその場で全部決める。これが、サイゼリヤの実態でした。

軍隊の場合は、全体的な戦略や、局地的な戦術はもっと上のレベルで立案して、その指令が現場に下りてくる構図になっていますが、当時のサイゼリヤでは、上から下りてくるのは、指示というよりスローガン的なもので、あとは全部現場にまかせっぱなし、というのがつねでした。

それだけ現場に裁量権があったからこそ、サイゼリヤは「盛り」の自由度が高く、お客さまに選ばれる店になったとも言えるわけですが、本部の指示があいまいなために、さまざまな弊害もありました。たとえば、クレームの処理のしかたひとつとっても、店ごとにバラバラで、本部に最後の砦のような人がいて、本部まで持ち上がってきたあらゆる案件を１人で処理する体制になっていました。

すべては「人のため」に

このように、私が入社した当時のサイゼリヤは、会社組織としては、まさに「ないない尽くし」の状態でした。それでいて人気店となり、店舗数も順調に伸びていたのですから、まさに「奇跡の会社」としか表現のしようがなかったわけです。

その快進撃を支えていたのが、理念と商品力です。

サイゼリヤの基本理念は、「人のため」「正しく」「仲良く」という3つの言葉からなっています。

「お客さまに喜んでもらいたい」という気持ちは、創業以来、脈々と受け継がれてきたサイゼリヤのDNAです。ここでいう「人」には、お客さまだけではなく、従業員とその家族、取引先、株主、その他のステークホルダーすべてが含まれています。「自分のため」でも「売上のため」でも「利益のため」でもなく、「人のため」に尽くすこと。「誰かの役に立ちたい」というホスピタリティが、すべてに優先するのです。

そして、「人のため」にする行動は、人として「正しく」なければいけません。誰かから後ろ指をさされるようなズル賢さは、サイゼリヤで最も嫌われることのひとつです。「人のため」に「正しく」行動していれば、「仲良く」なるものなのです。大事なのは「人のための正しい行動」なのです。サイゼリヤの性善説は、ここに表されています。

この基本理念は、サイゼリヤの姿勢を示したものであると同時に、関係するすべての人に対するサイゼリヤの約束でもあります。

もうひとつの商品力については、「このクオリティにしてこの値段？」という驚きと感動が、サイゼリヤの強みとなっているのは間違いありません。サイゼリヤが商品軸の会社なのは、税込み300円のミラノ風ドリアがある種の代名詞になっていることからもわかります。

値づけの根拠がない

サイゼリヤは「日々の価値ある食事の提案と挑戦」を経営理念に掲げています。サイゼリヤが毎日でも利用できるレストランであるためには、「お財布にやさしい＝リーズナブルな価格」というのは絶対に外せないポイントのひとつです。

そのため、商品の価格設定は、経営におけるきわめて重要な意思決定となっています。

具体的には、創業オーナーである正垣会長が決めていたわけですが、その決め方がすごかった。値段が先にありき、なのです。商品をパッと見たときに、「いくらなら出していいよ」と先に値段が決まる。その値段で出せるかどうかはあとで考えるということです。

たとえば、ミラノ風ドリアも最初は480円でした。それがいまでは税込み300円になっています。500円近くのものを300円まで下げるのに、根拠はどこにもありません。いちばん売れている商品だから、半分くらいまで値下げすれば、お客さまは喜んでくれるだろう、という思いだけで値下げが決まったのです。

値段は一瞬で変わっても、それを実現するのはたいへんです。いままでと同じやり方をしているだけでは原価は変わらないので、とうてい300円では出せません。それまではホワイトソースやミートソースを外部から調達していたので、それらをすべて内製化する必要がありました。工場をつくり、各店舗でやっていた作業の一部を工場に集約して、やっと原価が下がってくるからです。

私がサイゼリヤに来た当初は、工場は埼玉の本社があるところにひとつだけという体制でした。しかも、工場と名前がついていても、やっていたのは野菜を洗うことくらいで、実態としては配送センターに近かった。

そこで、神奈川と福島に新たに工場を立ち上げ、初の海外工場としてオーストラリアにも進出します。製造と販売を一手に担うユニクロのレストラン版を目指したのです。そうした経緯については、あとの章でくわしく説明します。

ショッピングセンターで一人勝ち状態に

工場をつくって生産性が上がると、出店戦略でも優位に立てます。各地のショッピングセンターに出店できるようになるからです。

テーブルレストランにとって、ショッピングセンターの最大のネックは、営業時間が短いことです。夜も比較的早い時間に建物そのものが閉まってしまうので、ディナータイムがほとんどない。これは、長時間営業してはじめて利益が出るような業態にとっては致命的です。低価格帯のレストランにとっても非常に厳しい条件ですが、それがむしろサイゼリヤのブルーオーシャンになっています。ディナーがなくても、利益が出る構造になっているからです。

サイゼリヤの生産性が高いのには、調理工程の一部を工場に集約したことで、キッチンの面積を小さくすることができたことも ひと役買っています。厨房は利益を生まないコストゾーンなので、狭いに越したことはない。浮いた面積をプロフィットゾーンである客席に充てれば、その分、儲けが出やすくなります。同じ家賃なら、キッチンが小さいほうが有利なのは言うまでもありません。

さらに客席の配置によって、同じ面積でも、より多くのお客さまに座ってもらえるようになります。テーブルごとの設備が大きい焼肉店などでは、配置を工夫するといっても限界がありますが、イスとテーブルだけあればいいサイゼリヤには、テーブルの配置のしかたにもさまざまなノウハウがあります。

客席の隙間を狭くすれば、店のにぎわいを演出できます。空席があまり出ないほどの集客力があるなら、より「密」なつくりにしたほうが利益も出やすいわけです。

生産性が高いからこそドミナント戦略が可能に

ショッピングセンターは全国各地でつねに一定数開業しているので、出店依頼が絶えません。サイゼリヤには集客力があるので、なおさらです。

ショッピングセンターのレストラン街にサイゼリヤが入ると、ほぼ一人勝ち状態になります。もっと高い価格帯なら可能性はありますが、サイゼリヤと同じ価格帯のレストランで対抗するのは難しい。それほどサイゼリヤは強いのです。

サイゼリヤは、特定の地域に固めて出店するドミナント戦略を採用しています。店が日本全国にちらばって、商圏の規模に応じて等間隔に店を出すような出店戦略では、配送効率も悪く、調理工程の一部を工場に集約した意味も薄れてしまうからです。

特定の地域にまとめて出店すると、その分、商圏が狭くなるため、利用頻度が高くないと成り立ちません。利用頻度を高めるためには、普段使いのレストランである必要がありますし、毎日のように利用してもらうためには、価格は安くなければなりません。これらはすべて連動していて、このバランスが崩れると、ドミナント戦略はうまくいかないのです。

単価の高いレストランがドミナント戦略をとろうとして失敗するのは、値段が高くて利用頻度を上げられないからです。利用頻度が上がらなければ、自社の店同士で潰し合うカニバリゼーション（共食い）が避けられない。その場合は、商圏をもっと広くとるのが正解です。

伸び盛りの会社が必ず通過しなければならない壁

ここまで見てきたように、サイゼリヤには、ほかの会社では当たり前におこなわれている「常識」が通用しない面がたくさんありました。あれもない、これもないのに、なぜかうまくいっている。だからこその「奇跡」だったわけですが、一方で、従来のやり方を続けているだけでは、これ以上、ビジネスを大きくするのは難しい。そういうタイミングに、サイゼリヤが来ていたのも事実です。

伸び盛りの会社が必ず通過しなければならない壁に直面していたサイゼリヤが、これからも「奇跡の会社」であり続けるためには、組織の土台をしっかりと構築し、インフラを整備しなければならない。味の素にいた私にサイゼリヤから声がかかったのは、ちょうどそんなタイミングでした。

足元を固めることが、最初から私の使命だったのです。

第2章

入社してはじめてわかったサイゼリヤの真実

――農業、工場、商品企画、店舗オペレーション

いきなり山を丸ごとまかされる

私がサイゼリヤに入社することになったのは、味の素のブラジル時代の元上司——当時はサイゼリヤの専務をしていました——に声をかけられたのがきっかけです。

しかし、私はずっと断り続けていました。サイゼリヤ自体まったく知らなかったし、声をかけられてはじめて見に行った店の看板には、「イタリアンワイン&カフェレストラン」と書いてあったからです。私は酒が飲めません。下戸の私には縁のない話だと思っていました。

ところが、元上司はなかなか諦めてくれません。とにかく社長に会ってくれというので、現会長の正垣さんとクリスマス・イブにディナーをともにしたのですが、そのとき、「食堂業の産業化をやってくれ」と口説かれてビックリしました。食堂業の産業化？ それってどういうこと？と興味をもってしまったのです。

そこから次々と外堀を埋められ、ついにサイゼリヤ行きを決めたのは2000年、私が43歳のときでした。

最初にまかされたのが、農業です。食堂業の産業化の話はどこに行った？と思いましたが、後の祭りです。あとで正垣さんから言われたのは、「おまえみたいなやつは、デカい話をしたら来るんだよ」ということでした。見事にハメられたわけです。しかし、このときの決断を私は後悔していません。味の素より自由度が高いし、何より社長業を経験できたのは、サイゼリヤに移ったおかげだからです。

サイゼリヤには2000年4月に入社する予定でしたが、まだ味の素の社員だったその年の2月に突然呼び出され、ベンツに乗せられて向かった先は福島県の山の麓にあるホテルでした。事情がわからず、とまどっていた私に対して、正垣社長はひと言、「あの山をやるから自由に使ってくれ」。ロビーにかけられていたカーテンを開くと、目の前にその山がドーンと見えてくるはずでした。ところが、あいにくその日は雪で真っ白。山の威容は拝めませんでした。

よくよく聞いてみると、地元の村が所有していた山をたったいまサイゼリヤが購入し、その調印式の場に呼ばれていたようなのです。そのとき、私は「農業の専門家」

として紹介されました。大学は農学部の出身でしたが、私が研究していたのは微生物で、農業とは関係ありません。

しかし、私に選択の余地はありません。入社前から私の最初の仕事は「買った山をなんとかする」ことに決まったのです。私一人ではどうしようもないので、農業部隊として、正垣社長の息子とその友人と、福島の農家の長男（専門は園芸）とで農業生産法人をつくってもらいました。私を含め全員農業の素人でした。

岩だらけの山を切り拓いてレタス栽培に挑戦

山を買ったといっても、そこはゴツゴツした岩だらけでしたから、まずは何トンにもなる岩を掘り起こして、開墾するところから始めなければなりませんでした。

最初はバックホーという重機で岩を取り除いていましたが、石が大量に出てきて埒が明かない。そこで、社長にお願いして、ストーンクラッシャーを買ってもらいました。いったん石を砕いてしまえば、いちいち拾うことなく、耕運機を動かせます。そうやって整地していったのです。

山の等高線に沿って畑の畝《うね》をつくるときれいな畑ができることは、ブラジル時代にサトウキビ農場を見ていた経験から知っていました。それでやってみたら、次の週に雨が降って地形が変わってしまった。その後もはじめて尽くしのことばかりでしたが、そうした失敗を何度もくり返しながら、少しずつ経験値を上げていきました。

そうして始めたのがレタス栽培です。最初に驚いたのは、ハウス栽培するときのハウス代がべらぼうに高いこと。補助金を使えば安く買えるのですが、それにしてもこんなに高いはずないやろと思ったので、お隣の韓国に視察に行きました。向こうでハウスの値段を聞いて回ったら、日本の２割でできることがわかりました。

わが農業チームは山の開墾をやったおかげで、いつのまにか土木作業のプロになっていました。それで自分たちでハウスを建てられるようになったのです。最終的には２００棟ほど建てました。

話は少々飛びますが、２０１１年の東日本大震災で福島原発から放射性物質が飛散した際の除染作業で、開墾で使ったストーンクラッシャーに再び出番が回ってきました。あれを使うと、深さ60センチくらいの土を掘り返すことができる。深さ10センチくらいでは放射線量はほとんど下がらないけれど、60センチくらい掘って表面の土を埋め戻すと、かなり下がる。私たちは開墾が終わって使い道がなくなっていたストーンクラッシャーを福島県に貸し出したのですが、大いに役に立ってくれたようです。

東日本大震災への危機対応については第7章でまとめて触れますが、ハウスづくりの達人になった福島の農家のみなさんは、仙台でも大活躍してくれました。津波で海水に浸かってしまった仙台の田んぼ1ヘクタールにハウスを建てて、トマト栽培を始めたのです。

理詰めでコメづくりを究める

次に取り組んだのは、稲作のコストの大幅低減です。当時1俵1万5000円ほどしたコメをなんとか半額くらいまで落とせないかと、いろいろ実験をしました。

そもそもなぜコメは高いのか。コメづくりの名人に話を聞きに行って、はじめてコスト表をつくりました。それでわかったのは、ほとんどが設備費だということです。最も高価なのは稲刈り用のコンバインで、使うのは1週間だけ。にもかかわらず、5年ごとに買い替えたりしているのです。なにしろ減価償却という概念すら頭になかったので、償却し終える前に、言われるがままに買い替えてしまうわけです。田植え機も同様でした。

いまは農業法人も増えてきたので、そのあたりはだいぶ改善されたと思いますが、当時は、それが当たり前でした。そんなやり方をしていては、投資した分はとうてい回収できません。農業機械メーカーを儲けさせるだけになってしまうので、それはやめようと。

そこで、いままで1週間しか使っていなかったコンバインをせめて3カ月は使おうと考えました。全部一斉に植えて一斉に刈り取るのではなく、時期をずらして稲刈りするように変えるのです。そのために、北海道の早生種を持ってきたら、ちゃんとお盆には収穫できるところまで稲穂が育ちました。

これでお盆から11月に霜がおりるまでは収穫できるぞ、と喜んだのもつかのま、稲刈りの直前になって私のもとに電話がかかってきます。

「堀埜さん、黒い雲が来ました」というので、「なんのことやねん」とよくよく話を聞いてみると、空一面が真っ黒い雲に覆われたかというくらい、ものすごい数の雀が飛んできたというのです。なぜかというと、東北あたりではいちばん早く実ったコメだったからです。さあ稲刈りだという瞬間を見計らったかのように雀が大量に飛来してきた。結局、ほとんど雀に食べられてしまって、半分も収穫できませんでした。それで、お盆に収穫するのはやめて、9月から11月の半ばまでに収穫する体制に落ち着きました。

短期間しか使われない農業機械の生産性を上げる

最初は北海道のコメを植え、次にどこどこのコメを植えて……という具合に、時期をずらしてリレーしていく。山の中腹と麓では気温も違いますから、標高と品種で収穫時期をコントロールできます。このやり方で、コンバインも長いあいだ使えるようになりました。1週間しか使っていなかったものを3か月使えるようになれば、採算は大きく改善します。

田植え機も使用期間の短い機械ですが、コンバインのように使用期間を延ばす方法は採らず、田植えそのものをなくすことを考えることにしました。それによって田植え機のみならず、苗をつくる作業もなくすことを狙ったのです。

田植えをなくす方法として、直播きという手法があります。種もみを田んぼに直接まくのです。直播きの研究をずっとおこなって最後にたどり着いたのは、苗をあぜ道から投げるというやり方でした。バーッと投げ入れておくだけで、ちゃんと生えてくる。植える必要はなかったのです。そういうことがわかってきました。

そうやっていろいろ試した結果、コメは1俵1万5000円ほどだったものが、1万円くらいまで下がりました。時期によって品種を変えていますが、新米のときはどれもおいしい。お客さまに提供するには遜色のないクオリティです。

コメというとどういうわけかコシヒカリ信仰が根強いのですが、コシヒカリがいいのは、劣化が遅いことです。だから、コシヒカリはいちばん最後に使用する品種としていました。そうすることによって、1年間を通して品質の安定したライスを提供できるようになったのです。

バラバラだった農家が、地域全体でひとつのレタス工場のようになる

2001年からは工場担当として、神奈川工場、次に福島工場の立ち上げをしていたのですが、そのときは農業も同時に見ていて、福島にレタスの苗工場をつくりました。レタスは自分たちでつくらないとうまくいかないことがわかったからです。

もともとサイゼリヤのレタスをつくってくれていた農家さんたちは、個別に取引していたので、出荷量も安定せず、収穫が多いときは大量に出してくれるけれど、少ないときはモノが足りないという問題がありました。

サイゼリヤは毎日営業しているので、毎日安定的に決まった量が欲しい。そこで農

家さんたちを集め、組合をつくって、地元の有力者の方にとりまとめてもらいました。Ａさんは何月何日に植え、何月何日に出荷する、Ｂさんは何月何日に植え、何月何日に出荷する……といった具合です。

ところが、それぞれの腕前がバラバラで、畑ごとの生育速度にも違いがあるため、やはり量が安定しない。結局、苗の生産をサイゼリヤが一括管理して、必要な分だけそれぞれの農家さんに渡す形にするしかない、というところに行き着きます。要するに、委託生産システムです。それで、地域全体がひとつのレタス工場のように連動した動きができるようになりました。

毎シーズンのはじめに、Ａさんがいつ、どれだけ出す、Ｂさんがいつ、どれだけ出すというのを全部リストアップします。それに合わせてサイゼリヤがつくった苗を配るわけです。そこまですれば品質も安定するし、１日何トンというラインも守られるようになります。

農家さんにとっても、それぞれ別々に農協に出荷していたときは、いっぺんに集中すれば値段が下がるし、博打に近いところがあった。それが、計画栽培を採り入れたことによって、先々の収入の見込みが立つようになりました。収入が安定するため、ローンも組みやすい。そうして、いまではレタス御殿がいっぱい立っています。

レタスも味で勝負

自社工場でレタスの苗をつくるくらいですから、品種改良も手がけました。味の素時代の知り合いに来てもらって、いろいろと実験をしてもらいました。どの品種をどうつくると、どんな味に育つのか。アミノ酸分析などの分析機器まで自前でそろえて研究したのです。味では絶対負けないものをつくろう。サイゼリヤのレタスは味がしっかり残るものを目指しました。水っぽいレタスが多い中で、味で差をつけようと思ったわけです。

農家さんたちは、太陽が出る前にレタスを収穫して持ってきてくれます。日が当たると、甘みがあっというまに落ちるので、日の出前に持ってきて、そのまますぐに冷蔵庫に入れ、冷蔵車でサイゼリヤに運んできてくれる。だから、農家さんたちはみんなめちゃくちゃ早起きです。

苗を自社生産するようになった頃から、地域全体を工場に見立てたスキームがある程度できてきて、ちょうど店舗数が急激に伸びていた時期と重なって、うまく回るようになりました。

神奈川工場でカットレタスをつくる

続いて工場の話に移ります。私がサイゼリヤから誘われたのも、工場の専門家である生産管理技術者がいないからやってほしい、という触れ込みだったのです。ところが、私が引き継ぐ前に、エンジニア会社に丸投げに近い形で製造ラインもできていた。私としては、工場をつくる段階から関わりたかったのですが、できあがったものを、なんとかしてくれ、と渡されたわけです。

まずはカットレタスの立ち上げからおこないました。これまでも埼玉工場でおこなっていた工程なので、さほど問題はないだろうと高をくくっていたのですが、いざ現場を見てみるとびっくりしました。

最初に驚いたのは、工場があまりに広いことです。工場は、広々としているといろんな問題が発生します。工場の空気にはお金がかかっています。外部からのほこりなどを入れないようにろ過しています。さらに、つくるものによっては温度をコントロールする必要が生じます。空調もかなりのお金がかかるのです。

次に問題となるのは、移動距離です。広いということは、原料や製品を運ぶ距離のムダが増えます。広いといろいろなものを置くことができます。いちいち持ってくるのが面倒なので、できるだけ多く持ってきたがるのが人情です。いろいろなものが置かれると、けがが増えます。また、部屋により温湿度が違います。原料などの劣化につながることもあるのです。

これ以外にも問題が次から次へと出てきました。私にとってははじめての食品工場の立ち上げでしたが、いろいろなことを学べたのが成果でした。

ミラノ風ドリアがターメリックライスを使う理由

さらにその2か月後、福島工場が立ち上がります。こちらは冷凍米飯、つまりドリアやピラフをつくるのが目的でした。

当時のミラノ風ドリアはケチャップライスだったので、ご飯を炊いてケチャップを混ぜて、そこにホワイトソースをかけ、さらにミートソースをのせて焼き上げます。ケチャップライスをつくるところまでを工場でやろうとしたところ、まずケチャップがそこら中に飛び散る。さらに、混ぜているうちに全部団子状になってしまう。いろいろな問題があるということで、ケチャップライスは断念します。

そこで正垣社長に相談し、つくりやすさやコストなどを考慮してターメリックライスを使うことになりました（イタリアでは、黄色いライスのほとんどはサフランライスですが、独特のにおいやコスト面などから採用は見送りました）。

工場立ち上げの時点ではピラフづくりにも取り組みましたが、ここでも問題が山積みでした。

コーンやニンジン入りのピラフをコンベア式冷凍機でばらばらの状態で凍結させます。塊があると店で加熱するときに冷たい部分が残ることを回避するためです。その際に使用する強力な風でコーンやカットニンジンがコンベアの外に吹き飛ばされるのです。入れたコーンの何割かがゴミになってしまって、歩留まりがひどい状態でした。掃除がまたたいへんで、1日4時間稼働すると、その洗浄に12時間かかる。どう考えてもコストパフォーマンスが悪いわけです。

その冷凍機メーカーの技術屋にこれは問題ではないかと尋ねると、「掃除しやすい構造にしてあります」と自信たっぷりに言うので、その冷凍機内に入ってみました。たしかに人が十分入れるスペースがあり、さらに機械が分割され取り出しやすいような構造になっていました。一見正しい措置に見えるかもしれませんが、そんなことをしたら余計にコーンが落ちるだけです。むしろ、スペースをなくして最初から落ちないようにする必要があるわけです。

そんなこんなでえらく苦労しましたが、約3か月のあいだにいろいろな改善を重ね、何とか安定した製品をつくることができるようになりました。ただし、掃除は1

日10時間ほど必要でしたが。

しかしながら、それによって1店舗で1日１００食も出るドリアの作業負担を大幅に軽減できました。それまでは、白飯にケチャップなどを混ぜていたのですが、白飯には炊いてから時間の経ったものや炊きたてのものなどさまざまな状態のライスが混在していました。それでは、品質を一定にするのは困難です。その問題も解消することができました。

ところが、また別の問題が発生します。バラ凍結の冷凍ライスは隙間が多くできるので、ホワイトソースはライスの上にかかってなければいけないのに、その隙間に入り込んで、そのまま加熱するとおじやのようになってしまうのです。

こうして次々と発生する問題を一つひとつクリアしていかなければいけませんでした。

広大な土地を有するオーストラリア工場立ち上げ

短期間で神奈川工場、福島工場を相次いで立ち上げ、次に向かった先はオーストラリアです。サイゼリヤ初の海外工場でした。

オーストラリア工場の敷地は1キロ四方もあって広大です。だだっ広い土地を格安の条件で入手することができました。実際に使っている面積は、全体の10分の1にも満たないと思います。

なぜ、そんなに広大な土地を手に入れたのか。これはブラジル時代に痛感したことなのですが、工場の敷地が広いと、便利なことがいろいろあるのです。

ひとつは拡張性が高いこと、そして、まわりとの緩衝地帯を持つことができること。さらにもうひとつの大きな理由が、敷地内で排水処理ができるということです。

味の素のブラジル工場では、薄めて基準を満たした廃液を全部自分の土地にまいて、ユーカリを育てていました。ユーカリは生長が速いので、まいた水を全部蒸散してくれます。ほかにも果樹園でオレンジが山ほど採れたり、牧草地が広がってウシを放牧したりしていました。草もどんどん生長するので、ウシに食べてもらっていたわけです。

いくら基準を満たしているとはいえ、工場廃液を外に流すとお金がかかるし、万が一、基準値を超えたものが流れ出てしまえば、最悪の場合、工場停止のおそれがあります。かといって、廃液をずっと溜めて持っておこうにも、敷地が狭いと、貯蔵タンクを建てるにも限界がある。だから、どうせ買うなら、できるだけ大きな土地にしようということで選んだのが、メルボルンから約40キロの距離にある土地だったのです。

ホワイトソースが命運を握る

オーストラリア工場のいちばんの目的は、ホワイトソースをつくることでした。ミルクとバターが主原料なので、それを安く調達できるオーストラリアに工場をつくろうというところから始まった話でしたから、ホワイトソースの生産を軌道に乗せることは至上命題でした。

オーストラリアにはサイゼリヤの店舗はありません。しかも、組合が強くて労務費も高いという話も聞いていました。にもかかわらず、あえてオーストラリア進出を決めたのは、仕入れコストの圧倒的な安さが魅力だったからです。

そして、いまもサイゼリヤのミラノ風ドリアが安さとクオリティの両面で他社を圧倒しているのは、オーストラリア工場でホワイトソースの生産が成功したからです。何度コンビニに攻勢をかけられてもびくともしないのは、同じ品質のものを同じ価格帯で売るのは、事実上不可能だからです。

ならば、他社もオーストラリアに工場を出せばいいと思うかもしれませんが、先に書いた労務費などの問題があり、そう簡単ではありません。日本の大手企業もいくつも撤退しています。それほど海外からの進出難易度が高い国なのです。

だからこそ、オーストラリア工場は他社が簡単には真似できない、サイゼリヤの強みとなっています。

サイゼリヤのホワイトソースが胸焼けしない理由

ここでサイゼリヤのホワイトソースの秘密を、ちょっとだけお話ししましょう。

バターと小麦粉を混ぜたルーにミルクを加えてつくる通常のペシャメルソースは、かなり粘度が高くて、べっとりしています。ところが、サイゼリヤのホワイトソースは、さらさらです。これはかなりレベルの高い技術で、しかも、使用するバターの量が全然違う。バターを増やすとしつこくなると思われがちですが、そうではなく、キレがよくなります。バターは動物性の脂肪なので、融点が高い。それでキレ味がよくなるのです。

日本では、値段の高いバターの代わりにマーガリンをよく使います。マーガリンは植物性油脂だから、融点が低い。常温でも溶け出してしまうので、ベタッと舌に残るのです。固まらないからです。さらに、小麦粉がたくさん入っている。その結果、ボテッとした重たいソースになるのです。

ホワイトソースのキレの違いは、食べたあとに実感できます。べっとりとしたペシャメルソースをたくさん食べると、すぐに満腹になります。満腹というのは、言い換えると、胸焼けしている状態です。一方、サイゼリヤのホワイトソースは胸焼けしません。使っているバターが良質で、酸化しにくいからです。胸焼けしないから、いくらでも食べられるというわけです。

満腹にさせずに、満足させること。腹いっぱいにならないから、「おいしかった」という満足感だけを持ち帰ってもらえる。サイゼリヤはそれを狙っています。

また、厨房特有の脂のにおいがほとんどないことも、食後の印象の「軽さ」につながっているはずです。脂のにおいがしないのは、揚げ物を揚げるフライヤーと、調理用のグリドルがないからです。これらの機器で使用される油は高温となり、滞留するので、酸化したものになりやすいのです。

商品企画部でメニュー構成を考える

こうしてひととおり工場を見たあと、私は商品企画部に異動して、商品開発を担当します。

といっても、私にはまったく未知の分野です。サイゼリヤはずっと商品が軸の会社で、メニュー開発は正垣社長の領域でしたから、とくに最初の頃は社長室に入り浸り、「これどうですか?」「これどうですか?」といちいち聞きながら、社長の考えていることをどうやって実現しようか、毎日考えていました。

味の設計もそうですが、メニュー構成をどうするかによって、店のオペレーションがまったく変わってしまうので、メニューブックに載っている商品ラインナップそのものが、ノウハウのかたまりなのです。

たとえば、1店あたり1日50食だった商品が100食以上出ることになると、現場はその負担増に耐えられないかもしれません。そこで値づけによってある程度出荷量を調節したり、工場でまとめてつくって店の調理工程を簡略化したりする必要が出てきます。

何を工場でつくり、何を現場にまかせるか。工場が立ち上がった時期だから、工場の生産品目を増やし、稼働率を上げなければいけません。そういったことを考えるのが私の主な仕事でした。メニュー開発については、第5章であらためて取り上げます。

100店を束ねる事業部長に

商品企画の次は商品本部長です。商品が決まるとオペレーションが決まるし、工場の生産体制も決まります。すると、購買まで連動させなければうまくない。商品からはじめて、工場も入れる、購買も入れるという具合に本部機能を拡充していった結果、かなりの大所帯になりました。

そうやって会社全体の効率化をはかっていたわけですが、ある日、突然社長に呼び出されて、「おまえは店舗をやってこい」と言われます。あまりに急な話で、頭が真っ白になりました。私はてっきり店長になるものだと思ったのです。明らかな降格人事です。手広くやりすぎて社長の怒りを買ってしまったのでは？と暗澹たる思いで帰宅しました。

翌日、社長に「ところで、どこの店に行くのですか？」と聞きに行くと、「何を言ってるんだ？ 事業部長だよ、100店舗やるからそれを見ろ」という返事です。なんと、店長ではなく、100店舗を束ねる立場への異動だったのです。私は横浜に住んでいたので、神奈川県と静岡県の一部をもらって、ちょうど100店舗。そこではじめて店を見ることになりました。

何をやるにも、まず現場を知らなければ始まりません。そこで、店で何がおこなわれているかを知るために、ビデオカメラを持って各店舗を回りました。自分で撮影して、自分で編集して、オペレーションのビデオをつくったのです。行く先々で、どのオペレーションがいいかを従業員に聞いて回り、それをすべてビデオに録画します。すると、この店のオペレーションは標準的なやり方とは違うけど、たしかにこういう点は優れている。あるいは逆に、こういうやり方はよくないという記録がたまっていきます。そこまでやれば各店舗の状況も把握できるし、編集したビデオを新人教育に使えば、一石二鳥だと思ったのです。

それまでは新人教育といっても教え方が店ごとにバラバラで、ほとんど見様見真似で覚えるしかなかった。それではあまりに新人がかわいそうだということで、新人に見てもらうためにビデオをつくりました。たまたま神奈川工場にアナウンサーのアルバイト経験がある女性がいたので、彼女に頼んでアナウンスの声を収録してもらい、キャプションも入れたりして、わかりやすいものを目指します。いまならユーチューバーがやるような作業を、深夜に1人でコツコツとやっていたわけです。ところが、当時はパソコンの性能もそこまでよくないから、データが重すぎてすぐにフリーズしたりして、たいへん手間がかかりました。

開店準備作業を短縮化すれば利益に直結する

その作業を一生懸命やったおかげで、オペレーションのことはだいたい理解できました。1年半後、社長からは「店舗開発を見てくれ」と言われましたが、私はそれを断って、「オペレーションを変えるエンジニアリング部をつくらせてください」と言いました。オペレーションには改善の余地がたくさんあると気づいていたからです。

店の生産性を上げるために、まず手をつけたのは、開店準備の短縮化です。1時間かかっていた作業を30分で終わらせることができれば、その分の人件費が浮くからです。

開店準備は純粋にコスト時間であって、プロフィットには何も貢献していません。だから、朝の開店準備と、夜の閉店後の作業時間を短縮すれば、確実に効いてきます。出勤を30分遅らせるというのがいちばん確実で、それだけで全店合計すれば年間数億円になります。一方、営業中の作業時間を短縮化しても、それほど劇的な効果は望めません。時間が余ったからといって、人数は減らないからです。

では、どうやって開店準備作業を短縮化するのか。

まず目をつけたのが掃除機です。コードが短いため、いちいちコードを外してあちこち移動しながら掃除機がけをしていました。しかも、掃除機のヘッドの幅が30センチほどしかないため、同じ床を何度も往復しなければなりません。これはあかんと。

そこで考えたのは、「機能分析」というアプローチのしかたで、掃除機の機能を別のものに置き換えてみようということでした。掃除機は結局、何をしているかというと、ゴミを移動させているわけです。ゴミを動かすだけやったらモップでもええやろ、ということで、1メートル幅のモップを導入しました。これだと、客席のあいだの床を1回モップがけするだけで済みます。掃除機では3~4往復していたわけですから、3倍以上の効率アップです。最後にモップで1か所に集めたゴミを掃除機に吸わせれば終わりで、半分以下の時間で済みます。そういう小さなことを積み重ねていくわけです。実際には朝だけで30分短縮するのは至難の業でしたが、15分は縮まったはずです。

２０００年、山を丸ごとまかされた私は、農業からスタートし、生産技術者として工場の立ち上げ、商品企画から商品本部長、１００店を束ねる事業部長、オペレーションのエンジニアリングへと駆け抜けてきましたが、気がついたら、サイゼリヤに入社してから9年の時が経っていました。

第3章

プロパーではない「外様」社長として

——それまでの常識を覆す

プレジデントブルーに沈んだ3カ月

エンジニアリングを半年ほど担当した翌2009年の1月、最初の出勤日に社長室に呼び出され、「おまえ、4月から社長な」と言われました。

社長は1年の最初の出勤日に、いちばん大事なことを伝えるのが慣例になっていて、それまで待っていたそうです。

それを聞いた私は、喜ぶどころか、目の前が真っ暗になりました。なぜかというと、店を見たことで、そこで働くパートさんたちの顔が思い浮かぶようになったからです。あの人たちの生活が、全部自分の肩に乗ってくる。従業員数およそ1万人。家族も合わせれば、いったい何万人の生活が自分の肩に乗ってくるのか。そう思って、ものすごく落ち込んだのです。私はそれを、結婚を前に不安を抱えて気持ちが沈むマリッジブルーになぞらえて、プレジデントブルーと呼んでいます。3月末までは、ずっとイヤな気分のままでした。

では、どうやって立ち直ったか。そのときも、やはり正垣社長から言われたこの言葉がきっかけになりました。「おまえ、会社つぶしてええからな」

最初は何を意味しているのか、さっぱりわかりませんでした。それが、「ああ、社長はこういうことを言ってたのか」とわかった瞬間、すっと気が楽になったのです。

私は、社長の言葉どおりの意味で、店をつぶしてもいいのです。なぜなら、そのとき責任をとって会社を去るのは自分だけだからです。従業員は残るし、会社も残る。いなくなるのは自分だけ。だからこそ、自分の責任でチャレンジできるのです。失敗したときの責任は、自分でとればいいのですから。

社長になって落ち込むなんて、おかしいと思う人もいるかもしれません。実際、ほとんどの人は喜びます。それまでの努力や苦労が報われるのですから当然です。

ところが、私と同じように落ち込んだ人が、私の知るかぎり一人だけいました。キリンビールの社長だった布施孝之さん（故人）です。

年に1回、キリンホールディングスの社長とキリンビールの社長、正垣会長と私の

4人で食事会を開いていたのですが、そのとき、社長になったときの話が出て、私が「プレジデントブルーで苦労しました」と言ったら、布施さんも「私もそうです」とおっしゃっていた。布施さんは私と違ってとても真面目な方でしたが、共通点がひとつありました。どちらも技術屋上がりなのです。

禁じ手のテレビ出演で、借金を一気に返済

2009年4月に私が社長を引き継いだのは、デリバティブの失敗でサイゼリヤが140億円の経常赤字に陥った時期でした。つまり、借金を抱えた状態でバトンタッチされた——外からはそのように見えると思いますが、私としてはそうではなかったと思っています。

正垣社長はこの時を待っていたようです。

ここが私にとって、社長を引き継ぐ最良のタイミングだったのです。

デリバティブ返済のために140億円のマイナスといっても、営業利益は黒字でした。私がどんなにボンクラであっても、何もしなくても経常利益および純利益は確実に大幅なプラスになります。こういう点も普通の会社ではないように思えました。つまり、何もしなくても数年たてば借金は返済できる状況でした。

とはいうものの、抱えている借金は早く解消したいと考えました。社長になっていろいろやりたいので、そのための原資がいる。金の心配なんてしたくなかったのです。

というわけで、社長就任1年目はとにかく利益を出そうということで、禁じ手を使いました。テレビに出たのです。お笑いコンビ・タカアンドトシMCのバラエティ番組『お試しかっ！』（テレビ朝日系列）の名物企画「帰れま10」や同じ系列のココリコMCによるバラエティ番組『いきなり！黄金伝説。』に出たのです。

そのたびにサイゼリヤはとんでもない売上を弾き出しました。最後にテレビに出たのは10月でしたが、同月の利益が6倍にもなったのです。既存店の売上が軒並みアップして、上がった分はほぼ利益になったことで、140億円の借金は1年もかからずに返せました。目標を達成したので、そこからはテレビに出るのはやめました。

なぜかというと、現場が疲弊するからです。やる前からわかっていたことですが、テレビで放映されると、お客さまがどっと押し寄せる。店は大混乱です。負担が急増した結果、スタッフが辞めていってしまっては元も子もありません。ゴールデンタイムのテレビに出たおかげで、知名度が全国区になったのはありがたいことでしたが、やはり本来、むやみに使ってはいけない手だと思うのです。

しかし、このときはカンフル剤として期間限定でやるぞ、と決めてやりました。3回ほどテレビに出て、借金を返して、それでおしまいです。サイゼリヤはふだんテレビCMを一切やっていないので、テレビに出るとものすごく効くのですが、それ以降、原則的にテレビ出演は封印しています。

「理念以外は全部変えます」

私が少しでも早く借金を返したいと考えたのには理由があります。社長就任の記者会見で、「理念以外は全部変えます」と大見得を切っていたからです。新たに会長に就任した正垣さんはそれを聞いて横で笑っていましたが、私は本気でした。それが、創業家出身ではない雇われ二代目社長の務めだと思っていたのです。

もちろん、サイゼリヤのいいところはそのまま残すつもりです。しかし、急成長で足元がグラグラになっていました。いままでは見様見真似の技能の継承でなんとか成り立ってきたかもしれませんが、これだけ大所帯になると、もっとしっかりとした土台が必要です。サイゼリヤが「奇跡の会社」であり続けるためのインフラ整備。これが私に課された課題だと思っていました。

サイゼリヤの人たちはみな店で働いた経験があり、そこに誇りをもっています。経営陣も同じです。ところが、100店を見る立場にあったとはいえ、プロパーではない私は、店舗でオペレーションをしたことはありません。そういう人間が社長になることは、みんな不安に思うはずです。そういう不安を解消し、心を落ち着かせるためにも、自分たちはここを目指すんだという目標を先に示さないとダメだろうと考えました。

私が引き継いだ時点の店舗数はおよそ800店。国内1000店というのは昔からあった目標であり、まもなく達成されるというタイミングでした。では、次に何を目指すのか。会社をひとつにまとめるためにも、新たな目標が必要です。

客数で中国の人口を目指す

チェーンストア理論では、ビジョンというのは一見、不可能に思えるような数字を出しなさい、とされています。簡単には達成できない目標だからこそ、時間はかかっても取り組む価値が出てきて、それがみんなのロマンになっていく。そう聞いていたので、とにかく桁違いの数字を持ってこようといろいろ考えた結果、最初に出てきたのが利益1500億円という目標でした。

1500億円の利益を出すためには、売上が1兆円は必要です。外食産業で売上1兆円を達成した企業はなかったので、それを目標に掲げたのです。

しかし、正垣会長がこれを嫌がっているのはわかっていました。「カネか、おまえは」というわけです。たしかに利益が目標では直感的にわかりにくいし、社員の心に響かない。それで、店で働いている人たちにもイメージしやすい数字にしようということで、最終的に客数を目標にすることにしました。

当時の年間客数は1億1000万人くらいで、まもなく日本の総人口（当時）を超えるというタイミングでした。次のステップとしてふさわしいのは何かと考えて、世界一の人口を誇る中国の人口にしようと。それで2025年に客数14億人を目指すという長期計画を立てたのです。

（コロナ禍による外食自粛などもあって、私が社長を退任した時点でその目標に届かせることはできませんでしたが……）

ともあれ、長期計画が指し示すのは到達点です。飛行機でいえば目的地。目的地を途中で変更してはいけません。飛行機が別のところに到着したら大パニックです。高くて遠い目標を掲げるのは、簡単には変えられないからです。

一方、中期計画というのは5年単位で回していきます。中期計画は一度つくっておしまいではなく、毎年軌道修正をはかります。これも飛行機のフライトと同じです。目的地（長期目標）は変えなくても、毎回の飛行ルートは、天候や風向き、紛争リスクなどさまざまな要素が絡み合って、つねに軌道修正しています。5年ごとの中期計画が硬直化したままだと、事業環境の変化に対応できないため、ここは毎年見直します。

さらに、目の前の課題を解決していくための具体的なプランが年次計画です。この三本立てをうまく使い分けながら経営していくわけです。

ベン図を使って事業ドメインを明確にする

最初に長期計画を立てたのにはもうひとつ理由があって、外部から来た人間が社長になったからといって、好き勝手になんでもやるわけではない、ということを明示しておく必要を感じていました。

それまでのサイゼリヤは、たとえば新規事業を立ち上げるときも、思いつくままに

「えいや」と勢いでやってしまうところがあった。創業オーナーである正垣会長が一人で多くのことを決めてきたのですから、ある意味、当然です。

しかし、プロパーではない私が同じことをしたら、どうでしょう。「こいつは何をしてるんだ」「調子に乗ってるんじゃないか」と疑いの目で見られるだろうことは、容易に想像できます。それでは、人はついてきてくれないだろうと考えたのです。

そこで、やらないことを決めて、「これ以外は手を出しません」と宣言することにしたのです。

そのために利用したのがベン図です（図1）。サイゼリヤがおこなっている事業のテーブルレストランとはどのような業種で構成されるかを表現しました。

接客をおこなっているので「サービス業」、B2Cのビジネスなので「小売業」、調理や加工をおこなうので「製造業」の3つと考えました。そして、テーブルレストランはこの3つの交わる部分にあると考えました。

また、このカテゴリーに位置づけられるのは、テーブルレストランとファストフードであるとしました。

図1 テーブルレストランのポジショニングを考える

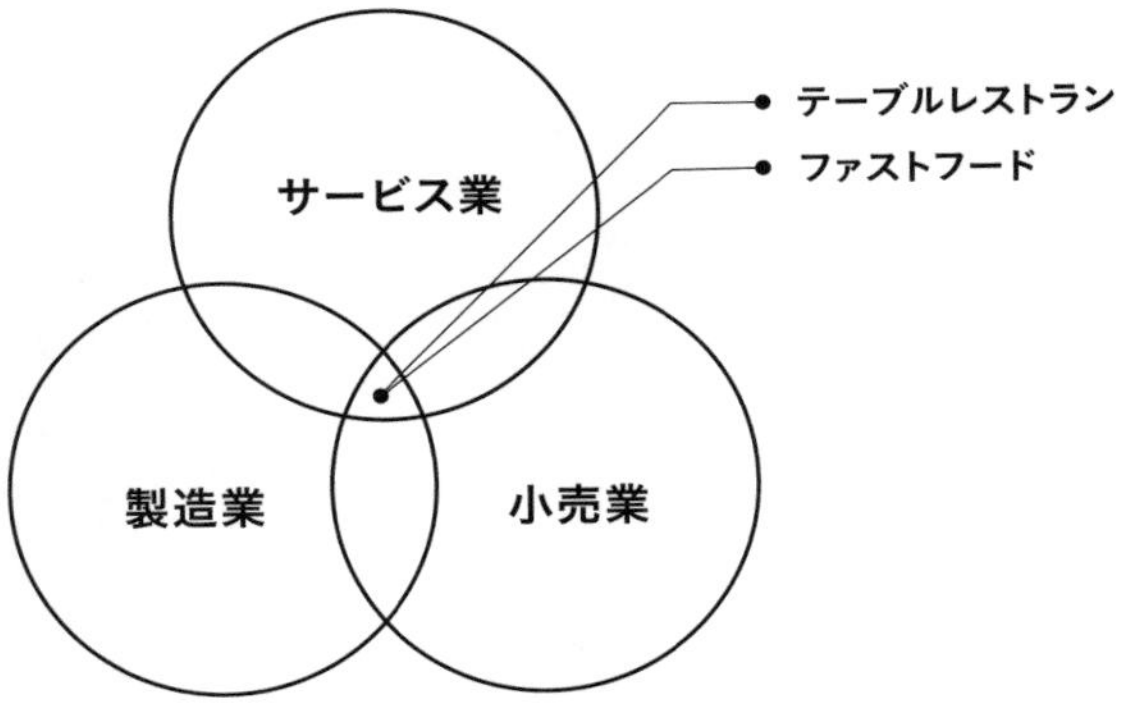

したがって、私がやるのは、現有事業の組み合わせでできる「テーブルレストラン」と「ファストフード」だけだということです。それ以外には手を出さないと宣言したことで、私のことをよく知らない人たちにも、「サイゼリヤが根本から変わってしまうことはないんだな」と納得してもらうことができました。

ちなみに、このベン図では同じカテゴリーに「テーブルレストラン」と「ファストフード」を位置づけたのですが、実際にファストフード事業をやってみて、ポジショニングが間違っていたことが判明しました。

事業ドメインについては、第4章であらためて解説します。

現場叩き上げ組織での人心掌握術

最初に長期計画を組んだとき、チームのメンバーに、エリアマネージャーの中でその当時評価が低かった人間を入れました。「こいつはできる」と誰もが認めるエリートを連れてきても、ダメなのです。あいつは優秀だから長期計画をつくれるのだと思われると、次回の長期計画プロジェクトに参加するメンバーが限定的になってしまうからです。

マネージャーである以上、計画策定能力は必要です。次回のメンバー選出の際に、あいつにできたのだから自分にもできるはずと、ポジティブなスタンスで参加してもらうのが狙いです。

もう1人メンバーに加えたのが、まったくしゃべらない人間です。長期計画は、つくるだけでは終わらないのです。必ず全社員に対して説明することが必要になります。その役割を担ってもらうために選抜しました。何度も大勢のメンバーの前で説明をしているうちに、結構しゃべるようになりました。

彼は大きく変わりました。ものすごく成長して、のちにサイゼリヤが中国に進出したとき（第6章でくわしく述べます）、海外の執行者として活躍してくれました。彼らは「人ってこんなに変われるんだ」という見本になってくれたのです。

私の人選には、ひとつの明確な基準があります。必ず見ていたのは、その人がスタッフ型か、マネージャー型かという分類です。

スタッフ型の人間がマネージャーになってしまうと悲惨です。マネージャーには部下やリソースをどう配分するか、さまざまな決断が求められますが、自分のことにしか興味がない人は、たいていこの配分に失敗します。あるいは、もともと決断力がないために指示があいまいになりがちで、部下は上司に振り回されることになる。これでは、本人のためにならないし、周囲の人たちも迷惑です。そういう例をいくつも見てきたので、スタッフ型かマネージャー型かには、いつも目を光らせていました。

会長が見ていたのは、人間のずるさや純粋さです。ずるをして他人を出し抜くやつは絶対に許さない。逆に、誰かの役に立ちたいというピュアな気持ちはものすごく評価します。だから、サイゼリヤは性善説が成り立つ会社になったのです。

一方、私が見ていたのは、向き不向きです。仕事に一生懸命取り組む「善い人」であっても、人を使うのがうまいとは限らない。叩き上げが尊敬を集めるサイゼリヤという会社では、とくに仕事に黙々と打ち込む寡黙な人が評価される傾向にありました。それではうまくいかないことも多かったのです。

向き不向きに目を光らせ続けることで、私はできるだけみんなが幸せになれるように心がけていました。

組織づくりの第一歩は教育から

長期計画ができたら、それを全従業員に理解してもらわなければいけません。そうしなければ、ただの打ち上げ花火で終わってしまうからです。

成熟した組織であれば、全社的な計画が決まると、部門長がそれを自部門の目標に落とし込み、さらに細分化された目標がより小さな集団に割り振られていくはずです。ところが、サイゼリヤではそうしたことは起きませんでした。そういう体制になっていなかったからです。

それまでは、大きなところは会長が一人で決めていました。自分が知らないところ、たとえば農業や工場や海外進出といったところは、誰かに「まかせた」と丸投げにする。そうやって、どうにかやってきたのです。私がサイゼリヤに誘われたのも、社内に工場を見られる人がいなかったからです。「おれは組織がわからないから」ということもよく言っていて、会長の苦手な分野には組織づくりも含まれていた。だから、「おまえにまかせた」となったのです。

そこで1年目は、取締役の勉強会を始めました。まず、社内で教える人たちを育てなければいけない、ということで、上に立つ人たちを変えていこうと思ったのです。ところが、1年間やってみて、これはあかんと。上の人たちは、いままでのやり方が骨身に染みているので、なかなか変わらないのです。現場経験が豊富でオペレーション自慢の人の集まりなので、身体を動かすことは得意なのですが、腰を据えてじっくり戦略を考えるとか、考えたことを相手がわかるように伝えるとか、文書の形にまとめるといった経験に乏しく、それが重要だと考える人も少数派でした。

全国行脚で地方の人材を発掘

このまま続けても時間もコストもムダだと思ったので、取締役勉強会は1年でやめました。そして、少し時間を置いてから、「社長と考える会（略称は「社長」「考える」「会」の頭文字をとってSKK）」を始めます。社長自ら日本全国にあるサイゼリヤの店舗に足を運び、現場の人たちに技術の講義をし、それを実践してみる研修をおこなう、全国行脚の旅です。

ほとんどの人にとって、私は初対面です。面と向かって講義をすることにより、技術を伝えるだけでなく、私の考え方の一部を知ってもらうことも狙っていました。さらに、地方に埋もれた若手人材を発掘するという一石三鳥の試みでした。私はこれを都合3回、くり返しました。

全国の店舗からさまざまな若手を引き抜き、組織の土台づくりに貢献してもらいました。

若手の登用という意味でもうひとつ意識したのが、段飛ばしです。たとえば、教えたい相手が部長クラスの場合、その人に直接教えるのではなく、その下の課長、係長クラスの人間に教える。すると、部長クラスの人間が「まずい、置いていかれる」と焦ってがんばるし、下の人間も「チャンスだ」と思ってがんばるから、両方とも活性化されるわけです。

最初に年計画を立てたとき、エリアマネージャーを全員集めて説明したのですが、梨の礫《つぶて》で何も響いていないようでした。そこで、次からは、エリアマネージャーの下の地区長クラスに直接教えようということになった。それによって、エリアマネージャーの尻に火がつくことを期待したわけですが、上の人たちはびくともしない。なんて頑固な人たちなのだろうと思いました。それと同時に、自分には教える才能がないのだと強く自覚したわけです。

人を変えるのは難しいが、自分を変えることはできる。そこで私自身も教えを請うことにしました。

キッチンのスペースを半分に

私が教育を通じて社内に広めたいと思っていた技術のひとつに「機能分析」があります。物事には必ず「機能」があります。それを明確にすることにより、問題を解決する手法です。

私はまだ若かりし頃にそれを知ったのですが、自分ではなかなかうまく説明できない。もどかしい思いをしていたときに、たまたま書店で『問題解決のためのファンクショナル・アプローチ入門』（ディスカヴァー・トゥエンティワン、2010年）という本を見つけ、「これだ！」と思ったのです。その本には、問題に対して「誰のため」「何のため」という質問を繰り返すことで本質的な機能をあぶりだし、変革をおこなうことができると書いてありました。

社内で聞いてみると、本社のメンバーに同書の著者である横田尚哉さんの研修を受講したメンバーがいることが判明し、その縁で横田さんに会社に来ていただくことになりました。

会社といっても、本部隣のサイゼリヤの店で夕食をともにしながら話をしていただけなのですが、その場でコンサルに入ってもらうことになったのです。

その段階では、その研修の費用がどの程度かは聞いていませんでした。契約書をかわす段階でその費用を知ったのですが、決して安いものではありませんでした。しかし、得られたメリットは、それを大幅に上回るものでした。

その最初の成果が「キッチン面積半減」でした。コストゾーンであるキッチンのスペースが半分になると、その分、プロフィットゾーンである客席を増やすことができるので、コスト／プロフィット比率が大きく改善します。前章で述べた開店準備作業の短縮化と同じで、改善できた分がまるまる利益につながるので、削減効果がすさまじいわけです。

機能分析によって掃除機をモップに切り替えた話を第2章でしましたが（88ページ）、それと同じような工夫を積み上げて、省スペースを実現していきました。

プロジェクトで動く組織に変える

そうしたプロジェクトを実際にやってみて気づいたのは、サイゼリヤには新しいプロジェクトを立ち上げたり、動かしたりした経験がほとんどないということでした。仕事のしかたがすべて店のオペレーションと同じ感覚なので、「来たものをこなす」ことには慣れているのですが、「自分たちで決めてここに行く」という仕事のやり方をしたことがない。そのため、プロジェクトをやるぞ、と言ってもかけ声ばかりで、何をしたらいいかわからないという事態が続出したのです。

そこで、プロジェクトマネジメントを専門にしているコンサルタントの芝本秀徳さんに来てもらって、大きな会場に300人ほど集めて、キックオフ研修をやりました。最初にガツンとやることが肝心なので、丸2日かけて、幹部の何人かを壇上でスケープゴートにして、みんなの目を覚まさせたのです。

芝本さんとは初対面でしたが、自然と2人でタッグを組む形になって、私がプロジェクトオーナーとして「このテーマなら、ここをゴールにしなければいけない」「そのためには、ここを見なきゃいけない」と迫ると、芝本さんが「そのためには、仕事のしかたをこういうふうに変える必要がある」「なんでここを考えないの？」「それを考えるためのフレームワークにはこんなものがある」と、具体的に落とし込んでくれる。そういう役割分担で、上からの指示を待ってこなすのが仕事だと思い込んできた人たちに、自分たちの頭を使って考える訓練を施していきました。

「日本企業は外圧がないと変わらない」とよく言われますが、外様の社長である私が「黒船」なら、外部コンサルである芝本さんも「外圧」です。そういう外からの刺激によって組織を動かすのは常套手段です。

オーナー企業ではよく見られることですが、カリスマ創業者の鶴のひと声で何でも決まる組織では、コミュニケーションがおろそかになりがちです。プロジェクトというのは、決まりきったルーティン業務ではなく、決まってないことに取り組むことですから、コミュニケーションを密にしないと、目的地も伝わらなければ、プロジェクトそのものも動きません。働き方を根本から改める必要があるのです。

ペーパーに書いて残すという文化

芝本さんにはその後、5年間にわたって、サイゼリヤのスタッフにプロジェクトマネジメントを叩き込んでもらいました。毎週1回、朝9時から丸一日、時には夜の11時まで及ぶことも珍しくありませんでした。私も最初から最後まで残らず参加し、研修日の最終退勤はいつも私でした。「社長、お先に」と言ってみんなが先に帰っていくのを見送り、最後に本部を出るのが私だったのです。

最初の1年間は、私自身がプロジェクトオーナーを務めました。プロジェクトリーダーを育てるのが狙いだったからです。2年目からは取締役にオーナーを引き継ぎましたが、当面のあいだは、私も大オーナーとして残りました。ボツにした案件も3つほどありましたが、時間がたつにつれて徐々に私の手を離れ、最後は私が口を出さなくてもまかせられるレベルにまで達しました。

何をするにしても、最初に「オーナー要求は何?」「何がしたいの?」というところから始まるので、オーナーが自分の意図を言葉にして伝えるという習慣は完全に定着しました。オーナーとリーダーの会合で、リーダーの人たちはしつこいくらいに「何がしたいんですか?」と問い詰めて、オーナーの意図を引き出さなければ、プロジェクトは始動しない。テーマが掲げられたら、目的地を明確にして、そこに至るまでの具体的なルートを考える。そういうプロジェクト思考が身についたのが、いちばん大きな成果だと思います。

そしてもうひとつ、ペーパーに記録を残すという、一般的な会社ならごく当たり前な習慣も、これを機に定着させることができました。

オーナーを引き継いだ当初は、誰も「オーナー要求書」を満足に書けませんでした。「紙に書いている暇があるなら、とっとと動け」という文化でしたから、ロジックも弱かったし、ライティングのスキルも低かった。それを毎回、テーマごとに紙に書いてもらうことで、「とりあえず自分で考えろ」という上からの一方的な押しつけがなくなり、リーダーが「とりあえず要求をしたためてください」と言えるようになりました。

リーダーがかけ声をかけるだけで、あとは現場にまかせっぱなし、ということはなくなり、具体的な目標に向けて、プロジェクトと人を動かすことができるようになっていったのです。これは大きな変化でした。

商品別利益を計算する

もうひとつ力を入れていたのが、数字に関する教育です。

原価計算をしていなくて驚いた、という話をプロローグでしましたが、私が社長になったときも、コスト計算がまともにできていませんでした。もちろん、ＩＲなどで外に出す数字、ＰＬなどの財務会計のシステムはさすがにあったけれども、たとえば商品別の利益の出し方を誰も知らない。原材料からお客さまへ提供するところまでをひとつにまとめて、商品別にコストと利益を計算するような管理会計のシステムはありませんでした。

しかし、とくにサイゼリヤのように自前で工場を持っているような会社だと、何が固定費でどこが変動費か、一気通貫で把握できるようになっていないと、「この商品は結局、儲かってるの？　儲かってないの？」という基本的な質問に答えることさえできません。それでは、会社の足腰はいつまでたっても脆弱なままです。

将来にわたってサイゼリヤを支えるようなインフラを整備するのが自分の使命だと考えていた私にとって、使える管理会計システムの構築と、それを運用できる人材の育成は至上命題でした。

情報開示が目的の財務会計とは違って、管理会計は、経営者が知りたい数字をつくるのが目的です。そうした数字は、社内外の業務の流れをすべて理解してからでないと、つくれません。

経理の数値がどれだけ並んでいても、見たい数字はそこにはない、という経験は、経営者なら誰でもしたことがあると思いますが、そのジレンマを解消するのに時間がかかりました。社長になってしばらくは、自分でエクセルを使ってそうした数字をコツコツはじき出していたほどです。

そうした数値を一覧表示できるようなシステムがようやく完成したのは、2011年の東日本大震災のあとでした。あのときは、被災した地域においしい料理と雇用を提供しようと、立て続けに店舗をオープンしたのですが、そのうちのひとつの店をたまたま訪れたスーパーエンジニアが、その光景に感動して、わざわざサイゼリヤを選んで入社してくれたのです。彼がいなければ、サイゼリヤの情報システムの進化はそこで止まっていたかもしれません。震災対応については、第7章であらためて紹介します。

組織文化の変革に10年

そうやって時間をかけ、粘り強く組織文化を変えていったことで、社長業最後の3

年は、ようやく手足が動くようになりました。

社長になった当初は、自分の任期は6年だと公言していましたが、とんでもないことでした。6年ではまだ道半ばにも達していないような有り様で、結局、社長になって10年近くたってから、自分が目指していた理想形に近づいたのです。

私はもともと生産技術者でしたから、工場も引き続き見ていました。2013年にできた千葉工場は、これまでのように途中から工場を引き継ぐのではなく、最初から立ち上げに関わることができたはじめての工場でした。これはプロジェクト方式ではうまくいかない分野なので、自分が主導してあれこれ設計し、そこで商品が出てくるようになってはじめて満足のいく体制が整ってきたということです。

投資家のみなさんからは、いつも「もっと目に見える、わかりやすい変化はないんですか?」と言われましたが、私が取り組んだのは、外からは見えにくい裏方の整備ばかりです。しかし、それこそが私の目指したものであり、企業の足腰であり、サイゼリヤがさらに飛躍するための土台となるものなのです。

「コワモテ社長」と「レジのおじさん」の使い分け

外部からやってきた私のような「外様」の人間には、2つの相反する役割が求められるようです。

ひとつは、企業をより大きく発展させるための「黒船」になるという役割です。2代目社長をわざわざ外から連れてきたということは、オーナー一族やプロパー役員ではできない、あるいは、やりにくいことを、「外圧」を使ってでもやり遂げたいという思いが、その裏側にきっとあるはずです。それを実現するのが第一の役割です。

外圧である以上、従来のやり方をそのまま踏襲するだけでは意味がありません。それまで社内では当たり前すぎて誰も疑問に思わなかったようなことでも、波風を立て、常識を疑い、必要ならばメスを入れる。会社がこの先も大きくなっていくなら、組織マネジメントやコミュニケーションは不可欠ですし、すべての決定を記録に残し、必要な人に届けるという文化も欠かせません。それを文化として根づかせ、それを当たり前に実行できる人材を育てる。それが私に課せられた使命でした。

それをするためには、私は、怖がられる存在にならなければいけません。なあなあでやっていては、組織にメスを入れることはできないからです。それまでの常識やクセや習慣に切り込むためには、こちらも相応の覚悟をもって取り組まなければいけません。とくに部長以上の人たちに対しては、コワモテ社長として恐れられていたのではないかと思います。

しかし、私のことを怖がっていたのは、上の人たちだけです。パートやアルバイトも含めて、現場にいる人たちはみな、私のことを「レジのおじさん」くらいに思っていたはずです。

事業部長時代に、店舗巡回のときに忙しい場面に出くわすとできるだけレジを担当するようにしていました。レジ以外のオペレーションができなかったからです。その名残でそう呼ばれるのです。それでいいのです。

ＳＫＫで全国の店を回っていたときも、パートさんたちとのあいだで、「ねえ、今度社長って誰？」「おれだよ」「こりゃ失礼しました（笑）」とか、「社長、今度結婚式を挙げるから仲人になってよ」「断る」「ケチ！」といったやりとりが、あちこちで交わされていました。

そのような役回りを引き受けることも、「外様」の人間には必要であると私は考えていました。

プロパー社員を排除しない

役職についた人たちに対して「コワモテ」を貫くといっても、プロパー社員を排除するようなことはご法度として自らに禁じていました。味方の少ない「外様」の立場でそれをやってしまったら、最終的に追い出されるのは自分のほうだとわかっていたからです。

ある人の出来が悪いとか、気に入らないからといって、その人を排除するのではなく、その人が生きるポジションを考える。この人はどこにいけばその能力を活かせるのだろうとつねに考えていました。

もともとサイゼリヤは、制裁的な配置転換を一切しない会社です。失敗したからといって、罰として左遷するという発想がそもそもない。負荷がかかるとしたら、それは懲罰人事だからではなく、あえてハレーションを起こさせてみて、何が出てくるか見てみようという好奇心がもとにあります。

よくやったのは、どこどこの部門がおかしいとか、誰々が仕事しないと愚痴を言う人には、あえてその部門に移ってもらうのです。「文句があるなら、自分でやれ」ということです。そうやってポジションを変えると、意外とうまくいったりするのです。

もうひとつ私が意識していたのは、社内で問題児と見られているような人たちをあえて自分のまわりに配置するということです。

この章の冒頭でも触れましたが、はじめて長期計画を立てたときも、あまり出来がよくないと見られていた人たちをメンバーに迎えたのは、彼らを現場に置いておくと何をするかわからないからです。お店の人たちがかわいそうです。それよりは彼らを手元に置いて、一から教え込んだほうが手っ取り早いと思ったのです。

自分のまわりを優秀な人で固めるのではなく、むしろ一風変わった人たちを集めて、その人たちを「使える人材」に変えていく。結果として、私のところからは有用な人材が数多く巣立っていきました。これも私が誇れることのひとつです。

第4章

サイゼリヤ流「負けない戦略」
――当たり前のことを当たり前に

ライバルは見ない、見るのはお客さまだけ

第2章、第3章と続けて、私がサイゼリヤに入ってから取り組んできたことを駆け足で振り返ってきましたが、ここでは趣向を変えて、サイゼリヤの企業としての強みをテーマごとに見ていきたいと思います。

第1章で述べたように、サイゼリヤにはもともと他社を見るとか、競合に勝とうという発想がありません。ライバル企業を分析して自社の戦略に役立てよう、他社がこうやっているから自分たちはこういうメニュー構成でやっていこう、といった比較すらほとんどおこなわれてなくて、「おいしいのできたから、食べてみて」がすべての基本なのです。要するに、お客さまと自分たちしか視野に入っていない。誰かと競争している感覚がないのです。

そういう会社ですから、競争や競合に「勝つための戦略」という言葉がそもそも似つかわしくありません。誰かに勝つために何かすることはないけれど、「おいしいから食べてみて」を続けるためには、容易なことでは倒れないことが必要です。言い換

えれば「勝つための戦略」はいらないけど、「負けない戦略」は求められるわけです。

相手に勝とう、勝とうとする企業が目指すのは、(他社よりも)魅力的な商品やサービスです。品質が顧客満足度に与える影響を分類した「狩野モデル」では、これを「魅力的品質」と呼んでいます(図2)。

しかし、魅力的品質には落とし穴があります。そのサービスを受けたお客さまにとって、次第にそのサービスは当たり前になっていくのです。

つまり、「なくても構わなかった」ことが、「ないと不満になっていく」ようになるわけです。したがって、魅力的品質でお客さまを惹きつけるためには、つねに新しいサービスを導入する必要があり、そこには際限がありません。

「当たり前品質」を当たり前に提供する

一方、本来「あって当たり前」で、「ないと不満」を感じるような「当たり前品質」

図2 狩野モデル

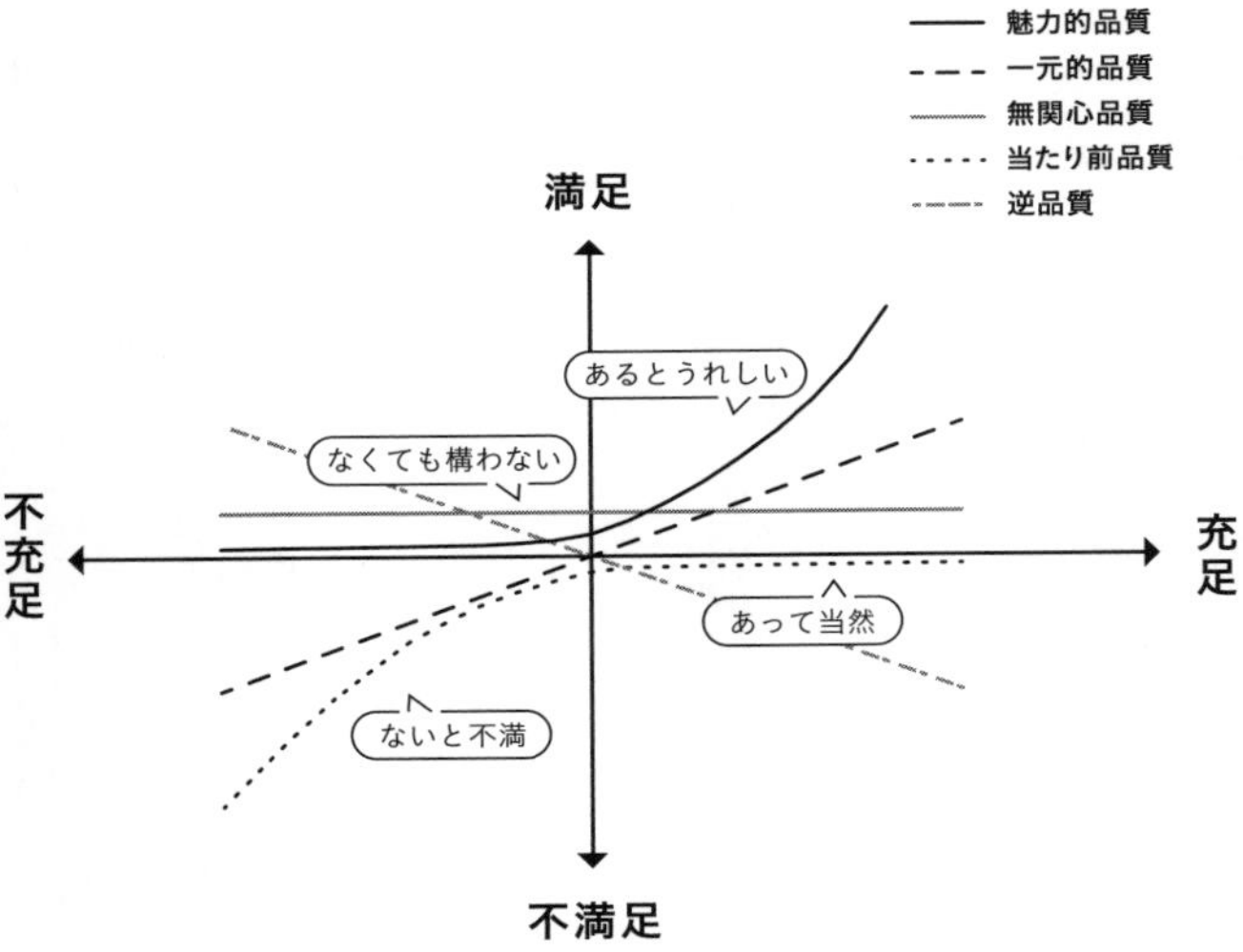

〈狩野モデルの5分類〉

魅力的品質
本来なくても構わないが、あるとうれしい品質要素

一元的品質
あるとうれしいが、ないと不満につながる品質要素

無関心品質
あってもなくても満足度に影響を与えない品質要素

当たり前品質
あって当たり前と受け取られるが、ないと不満に感じる品質要素

逆品質
あると逆に満足度が下がり、ないほうがうれしい品質要素

では、つねにベースラインは一定です。そこさえ外さなければ、お客さまの評価は変わらない。当たり前品質を当たり前に提供すること。ただしどの店でも変わりなく、というところがミソで、国内1000店のサイゼリヤが目指しているのは、まさにこれなのです。

多店舗化を視野に入れていないような個人レストランでは、魅力的品質を追求してライバルとの差別化をはかることはよくあります。しかし、味や盛りつけを洗練させたり、毎回一期一会のサプライズ演出を心がけたりすることは、諸刃の剣になりやすい。「味」を売りにしている店ほど、味が変わったときの評価は厳しくなります。「昔はおいしかったのに、店主が／シェフが／仕入れが変わって味が落ちた」という評価ほど、恐ろしいものはありません。一時期「おいしい」と評判になり、メディアでも紹介されたような人気店が、数年後には姿を消すということも、実際、珍しくはないのです。

店員が常連のお客さまの名前を呼ぶというサービスも、呼ばれた瞬間はうれしくても、次からは名前を呼ばれないだけで不満に感じてしまう、という落とし穴が待っています。その店員がずっといてくれればいいですが、残念ながら、人はどんどん入れ替わる。とくに多店舗展開しているチェーン店では、そういう個人の力量に大きく依存したサービスは維持できません。

しかも、そういう「特別扱い」に慣れてしまったお客さまの何割かは、モンスター化してしまいます。「前はやってくれたのに」「あの店ではやってくれたのに」という不満が爆発して、大声で店員を叱りつけたりする。最初に名前で呼んだ店員は、よかれと思ってしたはずですが、それがかえって潜在的なモンスターを育てていることになりかねない。だから特別扱いはよくない、「当たり前品質」で統一したほうがブレがなくていいわけです。

「たまたま」を狙わず、「いつも同じ」を徹底する

では、当たり前品質とは何でしょうか。

アンケート調査をしたことがありますが、たとえば、メニューブックがベタベタし

ているのが不快だ、という声があります。テーブルがガタつく、ソファに穴が空いているというのもそうです。そうしたことをなくそうと考えました。

店をきれいにリニューアルするにはお金がかかるけど、手を抜かずにメンテナンスすれば、不快だと思われる可能性は少なくなる。そこを大事にするという方針を立てました。それ以上のことをやろうとしても、国内1000店、従業員数1万人の規模のスタッフを抱えているサイゼリヤでは維持できないからです。

ただし、トイレだけはお金をかけることにしました。食事をする場所でトイレのにおいがするのは許せないと考えたからです。

詳しく調べていくと、男性用のトイレのにおいが強いこと、さらにいえば、小便の撥《は》ねが原因のひとつであることが判明しました。どうすれば撥ね問題を解決できるかを検討する中で、パナソニックの「アラウーノ」というトイレを選定しました。

アラウーノの特徴は、便器の水の上に泡の層が形成されることです。洗浄液の中に洗剤が入っているからです。洗剤入りの水で流すことにより便器がきれいになり、また水面が泡で覆われます。その泡に、小便の撥ねを抑える効果があるのです。

それによって男性用トイレの撥ねは大幅に減少し、においの発生の抑制に成功しました。このことはトイレ掃除の負荷も減らしたため、従業員にも好評でした。

当たり前品質がサイゼリヤの軸だと打ち出したことは、経営的には大きなメッセージでした。サイゼリヤは「奇跡の会社」であると申しあげましたが、一期一会のサプライズを演出することで「奇跡の会社」になったわけではありません。むしろ、その場かぎりの「奇跡」を狙わず、どれだけ人が入れ替わっても、いつでもどの店でも同じレベルのサービスを提供できる。そこにこそ、「奇跡の秘密」が隠されているといっても過言ではないのです。

チェーン店に飛び抜けた人材はいらない

パスタの盛りつけで、イタリアンの個人店でよく見られるように、クルクルッと巻いて出す人がたまにいます。でも、サイゼリヤではそれはよしとされません。その人だけ上手にできても、別の店ではできないからです。そういう意味での突出した個性というのは、そもそも求められていません。

突出したサービスというのは、プラスになるどころか、トータルではマイナスになる。必ず「あの店ではこうやってくれたのに、この店ではやってくれない」という不満につながるからです。多店舗展開しているチェーン店では、「当たり前のことを当たり前にできる」ように、ベースラインをそろえることのほうが、はるかに重要です。

味のレベルもそうです。ひとつの店でしか出せないような際立った特徴はかえってマイナスになってしまう。そこで、味のピークをあえて落として、幅を広げる工夫が必要になります。

図3では縦軸に「おいしさ」、横軸に「味の許容範囲」をとり、個人店、チェーン店、加工食品を比較しました。

個人店ではおいしさを追求するのが理にかなっていますが、そうなると、味の許容範囲は必然的に狭くなります。極めれば極めるほど、そこから外れたときの落差が大きくなる。おいしさで売っていた店ほど、ちょっとした変化で「あの店は味が落ち

図3 チェーン店に求められる「おいしさ」

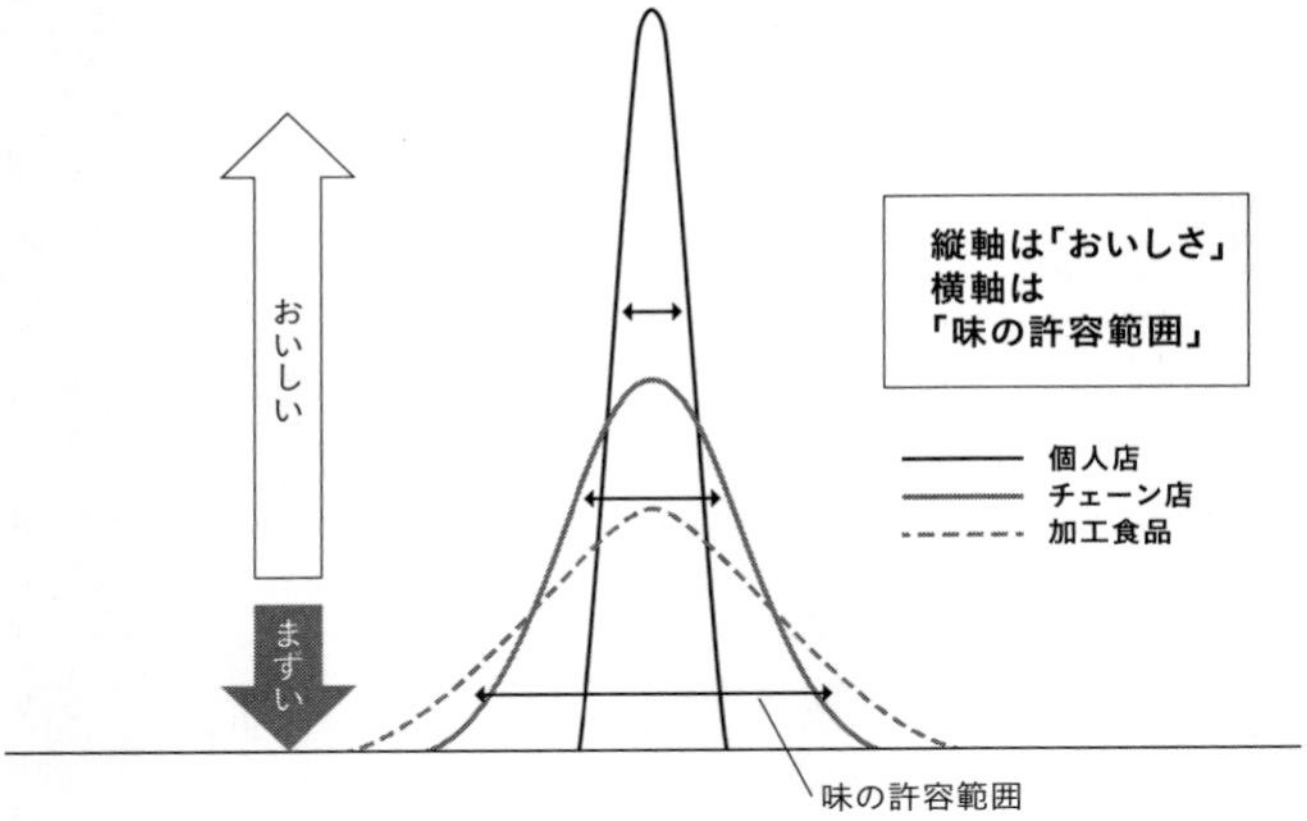

た」と言われてしまう運命にあるわけです。

プロの料理人ではなく、素人が調理するチェーン店でそれをやってしまうと、店ごとに味がブレてしまうのは避けられない。だから、おいしさのピークはやや落とすけれども、味の許容範囲を広げて、「どの店でも同じ味を提供できる」のが理想です。

それよりもさらにフラットなのが冷凍食品などの加工食品で、レストランレベルからもう一段階味のレベルは落とすけれども、味の再現性はきわめて高い。家庭で温めるだけでほぼ同じ味を味わえるのですから、めちゃくちゃ安定しているわけです。

「どの店でも同じ味を提供できる」という

再現性や安定性は、「当たり前品質」そのものです。チェーン店が目指すべきなのは、やはり「当たり前品質」なのだということがおわかりいただけるのではないでしょうか。

いちばん売れているハンバーガーがいちばんおいしいわけではない

前章で、社長を引き継いたときにベン図を使って事業ドメインを絞り込んだ話をしました。3つの円の交点に位置するのが「テーブルレストラン」「ファストフード」。だから、サイゼリヤは「テーブルレストラン」と「ファストフード」だけしかやらない、と宣言したわけです（102ページ参照）。

ところが、いろいろ試してみて、どうやら「テーブルレストラン」と「ファストフード」は別物だということがわかってきました。

サイゼリヤには、「お客さまに喜んでもらいたい」というテーブルレストランのDNAが染み込んでいるので、注文済みのお客さまを立ったまま待たせておくというのが、どうにも居心地が悪い。そこで、オーダーされた料理をテーブルまで運んでしまうのですが、それだとテーブルレストランと大差なくなってしまう。ファストフードとしては明らかに過剰サービスで、採算が合わないわけです。

従業員がよかれと思ってやった行動が、店の利益を食いつぶしてしまうようでは、彼らのやる気も失われてしまうでしょう。

そう思ってファストフード業界を眺めてみると、そこには別の論理が働いていることがわかります。サイゼリヤは「おいしいから、これ食べて」が基本で、商品軸の会社だという話はすでに何度かしましたが、最大手のマクドナルドのハンバーガーは、決しておいしいから選ばれているわけではないのです。

世の中には、もっと肉厚で食べごたえのあるハンバーガーが山ほどあります。野菜もシャキシャキで、チーズもとろりと濃厚で、バンズの食感も楽しめるようなハンバーガーを、みなさんも食べたことがあるはずです。にもかかわらず、世界でいちばん売れているのは、マクドナルドのハンバーガーです。これは疑いようのない事実です。

味にうるさいと言われている日本でも事情はまったく同じで、たとえば、そば粉よりも小麦粉の配分が多いような立ち食いそばチェーンのほうが、そば粉十割の手打ちそばの個人店より、はるかに世の中に受け入れられています。そば粉だから、手打ちだから、おいしいから選ばれているのではないのです。いつでもどこでも同じ味を安く味わえる安心感のほうが、多くの人にとってお店選びの基準になっていることは明らかです。

では、失礼ながら「おいしいから」という理由で選ばれているわけではないマクドナルドのハンバーガーが売れる秘密はどこにあるのか。

私もいろいろ研究してみたのですが、たとえば、あのサイズ。どこから食べても、一口目で必ずピクルスがちょっと口に入るようになっている。そういう大きさの比率になっているのです。さらに、バンズに粘りがないから、咀嚼すると、肉と一緒になくなる。だから、ハンバーガーを食べた、という印象になるのです。バンズにもっと歯ごたえがあると、肉が先になくなりパンだけが最後に残るため、パンを食べたという感覚が強すぎて、肉の印象が残りにくい。そういう細かなところまで計算され尽くしているわけです。

定番商品の背後には、そういう細かな、ビックリするような仕掛けが施されているのです。

野菜の仕入れは重量把握が難しい

続いて、数字を見る力についてです。

前章でも触れましたが、管理会計では、知りたいことによって数字をつくる必要があり、それを自由に使いこなせる人をいかに増やすかが重要です。

コスト削減というお題目だけが店に下りてくると、自分の裁量で減らせるところ、たとえば補修費をケチるようになる。それで店がボロボロになってしまうのです。しかし、それでは「当たり前品質」を維持できません。だから、そこは削ってはいけない。そんな具合で、当初は何が必要で、店舗でのコスト改善をどうやって管理するかということも、まったくわかっていなかったわけです。それをわかるようにしよう、ということで、商品別利益の計算のしかたなどを学んでもらいました。

数字の勉強というと、すぐに経理の話になりがちですが、外向けの財務会計、制度会計をいくら学んでも、本当に欲しい数字は手に入りません。大事なのは、その数字を自分でつくれるか。人からもらった数字を使ってたら、いつまでたってもわからへんで、ということをよく言っていました。

とくに難しいのが、在庫の評価です。在庫品の単価は、いろいろな方法が法律で認められているようです。全体の平均値であったり、最終価格を使用するなどです。数量もびっくりするようなことが起きます。とくに、農作物を多く扱っていたため、数量が正確に把握できないのです。

たとえば雨が降ったときに収穫したレタスは、水を多く含んで重くなります。それを冷蔵庫に保管しておくと乾燥が始まり、軽くなっていくのです。

また、契約農家との関係が良好であると、ありがたいことに、計量した数値より多くの野菜が入荷されることがあります。農家としてはサービスなのでしょうが、会計の視点では、どの時点の重量を使えばいいかわからなくなるのです。

このようなことを踏まえたうえでコスト計算をしなければならないのです。

全部門で議論を重ねて情報システムを構築する

数字を見る力、とくに異常値を瞬時に発見する能力を養うためには、日々のトレーニングが欠かせません。トレーニングといっても特別に何かを勉強しなくても、同じ数字を何期分も続けて見ていれば、おおよその数字が頭に入ってくるようになります。

私の場合、数字を数値ではなく形として認識していたような気がします。そのため、いつもと異なる数値があると気づいてしまうようになりました。間違いなく、継続は力なのです。

さらに、情報を一元管理し、必要な数値をいつでも参照できるデータウェアハウスをつくることにしました。部門ごとに、求める成果は何で、それを測るためにはどんな数字が必要か、ものすごく時間をかけて議論しました。外部のシステム会社に丸投げして、適当に現場をヒアリングしてもらってつくる、という方法を採らなかったのは正解でした。議論の過程で、なぜその数字が大事なのか、その数字をよくするために何をすべきか、参加したメンバー全員に共通理解が生まれたからです。

そのプロセスにかかった熱量と時間コストは膨大でしたが、そのおかげで、数字を見られる人間が何人も育ちました。いまでは、そのデータウェアハウスから自分で帳票をつくって分析するということが、当たり前におこなわれています。それは、どんぶり勘定が主流だったサイゼリヤにとって、大きな財産となったはずです。

投資は継続することに意味がある

投資は一度やったらおしまいではなく、継続していかないと、とくに生産技術はあっというまに陳腐化していきます。ある会社でどんな技術を採用しているかという情報は、少しずつ流れ出ていくものなので、それを真似するだけでキャッチアップできてしまう。だから、先行している側は、つねに前進を続けて、追いつかれないようにしなければいけません。

図4 アマゾン創業者のジェフ・ベゾスによるループ図

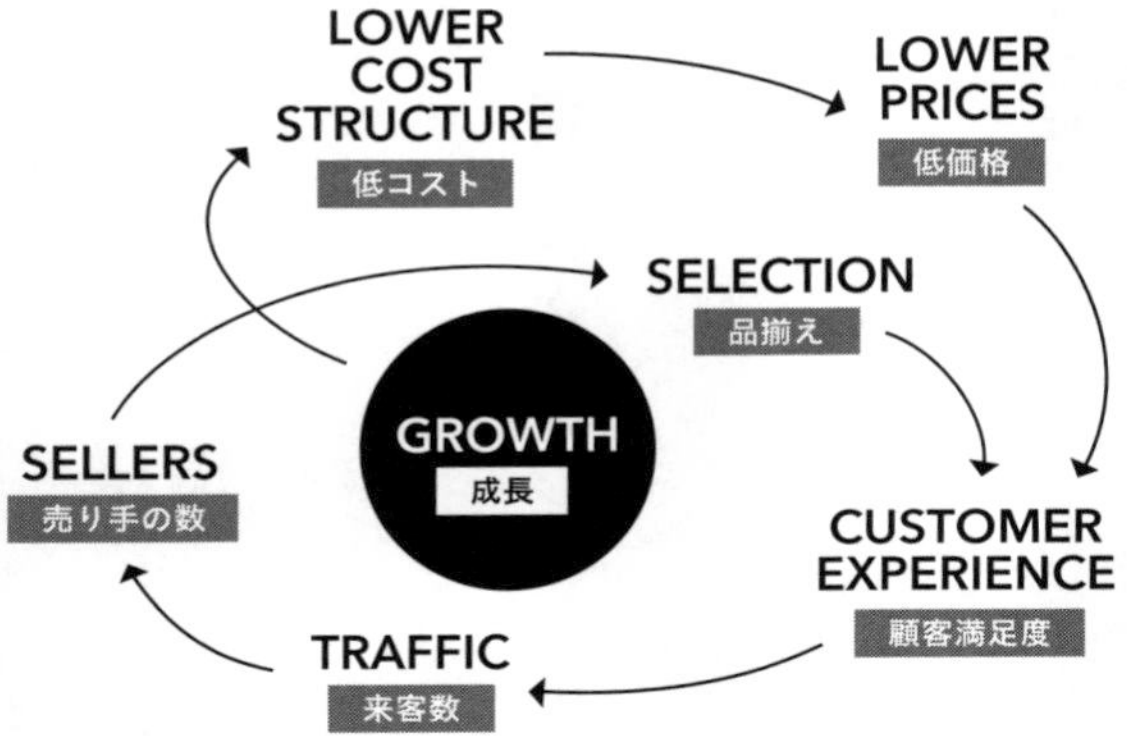

アマゾン創業者のジェフ・ベゾスが飲食店の紙ナプキンに描いたとされる伝説のループ図（図4）を見ると、内側のループを回すことで得られた「成長」を原資として絶えずインフラ整備に投資し、外側のループを回すことが描かれています。

この継続的な投資によって、アマゾンは巨大な物流システムを構築し、コストリーダーシップ戦略で他社を寄せつけない強者に昇り詰めたのです。

工場も同じで、一度建てたら終わりではなく、つねに投資して、新しい技術を取り入れていかなければなりません。

たとえばオーストラリア工場では、ホワ

イトソースをつくるのに、最初は生クリームを使っていました。ところが生クリームは価格が高いうえに供給も不安定で、干ばつが続くと価格がさらに跳ね上がります。それで数億円をかけて、ミルクを買って自社で濃縮するようにしたのです。ミルクの価格も変動しますが、生クリームほどではないため、干ばつに襲われたときも原価をそれほど上げずにホワイトソースを安定供給する体制ができました。

粉工場と液体工場はまったくの別物

神奈川工場の脇にピザ専用の工場をつくったのも新たな投資の一環です。ピザというのは小麦粉が原料です。それまでのサイゼリヤの工場はいずれも、水を使うのが前提の液体工場だったので、別にする必要がありました。

それまでの工場では野菜を洗うのにも清掃にも水を使っていましたが、その感覚で粉工場をつくると、ろくなことにならないことがわかっていたのです。

粉は、乾燥しているうちはあまり変化しません。乾燥している粉は非常に軽いのであちこちに飛散します。それが水分と出合うと微生物が生育できるようになります。水を使用して、工場内の湿度を上げたり水滴を飛ばしたりすることによってあちこちにカビが生えるようになるのです。

そのため、粉工場は水が一滴も入り込まないようなつくりにしなければいけません。建屋を別にするだけでなく、同じ人間が両方に出入りするのもダメです。ピザ工場ができたとき、「社長、見てください」というので視察に行ったら、粉を使用している近くで水を使えるようになっていたので、即座にやり直しを命じました。そのため、工場が稼働するのが3カ月遅れましたが、それはしょうがない。問題が起きてから対処するよりは、はるかに安く済むからです。

水の使用に関しては、店舗での扱い方も変えました。

一般に、店舗の厨房の床がつねに水浸しの飲食店は珍しくありません。水を流して掃除することが当たり前になると、床が濡れているだけで掃除をした気になるのでしょう。しかしそれでは、乾いた途端に汚れが浮き出てきたりします。また、水を流すための溝をつくることになり、その溝にはこぼれた食材や油などが通るわけで、それでは汚れが広がるばかりです。さらにいうと、栄養と水があれば微生物が生えます。キッチンの状態としてはよいことではありません。

工場出身の私には、これが許せませんでした。

ゴミも油も水に流すだけで問題解決されるわけではなく、むしろ、問題は大きくなる。そこで、サイゼリヤの店舗では新たに投資して、ドライキッチンを採用しました。

業界的にもきわめて画期的な取り組みで、床が濡れていないから、掃除はモップがけだけで済むし、スタッフの靴も濡れないから、フロアに出ても、床を濡らす心配がありません。焼肉店や中華料理店では、油はねで床がツルツルしているところも珍しくないけれど、客席の床が水で濡れているだけでも、お客さまが滑って転んでしまうおそれがある。雨の日に、濡れた床で転倒の危険を感じたことのある人もいるはずです。

キッチンをドライに保っておくことのメリットは、みなさんが思っている以上に大きいのです。

店の空調が効かないのは知識不足のせい？

もうひとつ、私が店舗に行ってビックリしたのは、キッチンのエアコンのフィルターが天井裏に設置されていることでした。そんなところにあって、どうやってフィルターを取り替えるのか。そもそも、目で見て汚れを確認することさえできません。こんなことは工場では考えられません。目視確認が必要なものは、目の高さに置くのが基本です。目立つから汚れているかどうかがわかって、定期的に交換できるのです。しかし、天井の中にあったら、いつ変えるべきかもわからないし、業者に頼んで、天井に潜り込んで変えてもらうしかない。それで、天井を踏み抜いたりするのです。よく見ると、天井にいっぱい穴の跡が残っています。

エアコンの室外機の扱いも驚いたことのひとつです。

室外機の機能は、熱を外に逃がすことです。そのためには、室外機の環境が重要です。しかし、いろいろな事情から、びっくりするような場所に置いてあるのを発見することがありました。室外機なのに室内に置かれていることもありました。

サイゼリヤの店舗の多くは、ガラス面を挟んで屋外に接しています。そのため、夏には日差しによって店内温度が上がりやすい店もあります。その際に、温度設定を20度以下に設定しているのを見かけることもありました。

私はその際、室外機の周りに水を撒くことを推奨しました。熱くなった地面に水を撒くと蒸発します。その際に、使用される熱エネルギーが大きく一気に温度を下げてくれるのです。冷房のない時代の日本では暑くなると「打ち水」が当たり前でした。

室外機の置き場所に困って、ビルの屋上に並べてあるのもよく見ますが、直射日光にさらされて室外機が熱くなったら、冷やそうと思っても冷えるものではありません。空調の効きが悪いと思ったら、そういうところから見直す必要があります。

ロードサイドには、よく天井の高い店があります。教会のような造りで、一見すると、開放感があっていいように思うかもしれませんが、私ならすぐに「天井をつけろ」と言います。空調の効きがまるで違うので、電気代が大幅に下がるからです。

サービス業の生産性がいつまでも上がらない理由

こうしたことはすべて、知識があればわかることです。部屋が暑いというのは実のところ、エネルギーをロスしているだけなのです。そういう感覚が、飲食業の人にはほとんどありません。だから、空調で冷やした冷気を、わざわざ排気ダクトで吸い出すというような矛盾が平気でまかり通ってしまうのです。冷えた空気ほど高いものはないのです。

工場では何か問題が発生した場合、問題の根っこの部分まで掘り下げて技術的に解決するという姿勢が身についています。ところが飲食店では、一つひとつの規模が小さく、また、すぐに閉店して居抜きで別の店が入ったりするので、問題があっても技術で解決しようとはなりにくい。店舗改装も業者に丸投げするだけなので、こうしたノウハウは継承されないのがふつうです。

工場はすべて計算ずくで設計・運用されているので、たとえば、エネルギー使用量とその効果とのあいだにギャップがあれば、すべて説明できなければいけません。そのため、１モルの水を気化するのに何キロカロリー必要か、といった知識をスタッフの多くが持っている。そういう細かなところまで詰めているから、大手メーカーの生産性は、サービス業よりもずっと高いのです。

端的に言って、これは産業としての成熟度の差だと思います。製造業で培われてきたノウハウをサービス業に持ってくるだけで、サービス業もかなり効率的になるはずで、生産性の向上に寄与できると考えています。味の素から来た私が、その架け橋の一助になることができれば、こんなにうれしいことはない。そう思って取り組んでいました。

人に命令するだけの「長」を廃止してフラットな組織に

前章で、スタッフ型の人間とマネージャー型の人間を見誤ると、みんなが不幸になるという話をしました。

スタッフ型の人間は職人タイプで、なかにはスペシャリストとして非常に優秀な人もいますが、そういう人をマネージャーにすると、部下を使いこなすことができず、本人も部下たちも疲弊してしまう。ところが、日本の組織はどういうわけか、そういう職人タイプのものすごくデキる人を「長」にしたがるのです。マネージャーができてやっと一人前、と思っている人が多いからです。

その弊害がわかっていたので、私は一度、「長」という役職をなくすことにしました。店長を廃止して「オスピターレ」に、地区長を廃止して「ソシエッタ」に統一したのです。

「オスピターレ」はイタリア語で「接客係」の意味で、店に来たお客さまと店で働く従業員をいかにもてなすかを考える役。「ソシエッタ」は誰がいつ出勤するか、地区の店舗の稼働計画を完璧にする役というふうに、役割を再定義したのです。

そこまで徹底したのは、役職に「長」がつくと、人に命令することが仕事だと勘違いする人がいるからです。本来自分の役目なのに、下に命じてやらせるだけで「仕事をした」と思い込んでいる人はどの組織にもいますが、それはやったらあかんことです。部下との給料の差を説明できなくなるからです。

だからこそ、一回全部フラットにして、役職名も変えたのです。「長」と呼ばれるのは本部長ただ1人。1000店に1人だけという体制です。スタッフ型のスペシャリストには、新たに「マエストロ」という役職を用意しました。専門的な内容について指導できますが、部下はいません。そうすることによって、スタッフ型の人のキャリアにも道筋をつけました。

スタッフ型の人間をマネージャーにしてはいけない

マネージャーに求められるのは、決断力です。

組織の規律を守るために、ときには非情な決断をしなければならないのが、マネージャーという仕事です。決断力がない、優柔不断な人間を人の上に立たせると、まわりがみんな迷惑します。

他人からよく見られたい人ほど「長」になりたがる傾向がありますが、これが間違いのもとです。みんなから好かれたい人は、誰かを窮地に追いやるような、思い切った決断ができません。人情に流される人も、マネージャー向きではありません。人から嫌われることがあっても、正しい決断ができることが重要です。

また、ひとつのことに執着するというか、目の前の仕事に没頭するタイプはたいていスタッフ型です。対象をしぼってうまくハマると、ものすごい能力を発揮するけれど、次から次へ押し寄せるタスクをこなすのはあまり得意ではないという人は、マネージャーには向いていません。一方、マネージャー向きなのは、マルチタスクで、目の前の仕事をパパッとうまくさばける人です。

この違いは「優劣」ではなく、単なる「向き不向き」の問題なので、自分がマネージャー型でないからといって悲しむ必要はまったくありません。

ところが日本の組織では、あくまでライン長が偉いんだという刷り込みが根強くあります。それを崩すために、これまでもスペシャリストのためのキャリアパスをつくろうという試みがいくつもおこなわれてきましたが、これといった成果が出ていないことからも、いかに「長」に対するあこがれが強いかがわかります。

要するに、マネージャーというポジションが真面目に働いてきたことの「ご褒美」になっているのが問題なのです。それを助長しているのが、給与体系です。ほとんどの会社で、「長」にならないと給料が上がらないような仕組みになっているので、誰もがそこを目指してしまう。それで不幸になってしまう人がたくさんいます。

「あいつが課長なのに、おれが課長じゃないのはおかしい」というやっかみも、「おれのほうが稼いでいるのに、なぜおれが部長じゃないんだ」という愚痴も、マネージャーという仕事に対する誤解に基づいています。

「長」というのは単なる役割であり、「向き不向き」の結果であって、人より偉いわけでも、会社への貢献に対するご褒美でもないのです。この問題をこれ以上放置して、誰のためにもならない人事がなくなることを、心から願ってやみません。

チェックリストをチェックするだけなら誰でもできる

役職名から「長」をなくすことにしたとき、私がいちばん言いたかったのは、店舗のマネージャーが見るべき相手は、お客さまだけではないということです。

従業員が働きやすい環境をつくることもマネージャーの役割です。ところが、「店長」になると、どうしても従業員を道具のようにこき使う人が出てくる。もちろん、店がきちんと回るように指示を出す必要はありますが、そればかりだとおかしなことになってきます。

なぜかというと、指示を出すことが仕事だと思い込んでいる人は、いつしか、指示が守られているか、決められたルールどおりに動いているかをチェックすることが仕事の目的になってしまうからです。そして、ミスを発見した途端、飛び出してきて「ダメじゃないか」と文句を言う。

これではまるで、言葉遣いの間違いを見つけては、それを指摘するために登場するネット上の「〇〇警察」と同じです——「サイゼリヤ」を「サイゼリア」と書くたびに間違いを指摘する非公式の「サイゼリヤ警察」もいました。

そうではなくて、ミスが起きたら、なぜそのミスが起きたのか、どうすれば防げるのかを考える。いろいろな人を使っていち早く問題を解消し、同じミスが起きないようにするのがマネージャーの仕事です。

チェックリストを片手に、できているか、できていないかを見て、ダメ出しするだけなら、誰でもできます。そんなことのために、スタッフより高い給料を払っているわけではないはずです。

エリアマネージャーは「上がりポジション」ではない

それでも店長は、人に命令するだけではなく、自分にもやるべきタスクが割り当てられたプレイングマネージャーの立場ですから、リストをチェックするだけで、「はい、おしまい」とはいきません。

やっかいなのは、20～30店舗を束ねるエリアマネージャーで、連日のように各店舗を回っているため、チェックリストを見て、できていないところを指摘するだけで、仕事をした気になってしまう人が珍しくありません。

しかも、エリアマネージャーというのは、現場で働く人たちにとっての「上がりのポジション」と見なされがちでした。ようやく自分もここまで昇り詰めたかという達成感と気の緩みから、妙に偉ぶったり、地位にあぐらをかいたりする人が出てきてしまう。結果として、いてもいなくてもいいような、チェックするだけのマネージャーが誕生してしまうのです。

チェックマンがはびこる原因のひとつは、店がルーティンワークを主体としたオペレーションで回っているからでもあります。どの店でも同じクオリティのサービスを提供するためにマニュアル化やルールの整備は必要なことですが、一度決められたルールをただ守っていればいいわけではありません。お客さまのために、あるいは、そこで働く従業員のために、ルールは不断に見直していく必要があるはずです。

ところが、ルールが守られているかをチェックするのが仕事だと思っている人には、ルールそのものをよくしようという発想が最初からありません。ルールは守るべきものであって、見直す対象ではないからです。

これまでオペレーションにどっぷり浸かってきた人たち、とくにエリアマネージャーに日々改善を積み重ねていく姿勢を身につけてもらうには、どうすればいいのか。いろいろ考えた末に、さまざまなプロジェクトに取り組んでもらうことにしました。

期限を切ったプロジェクトで仕事に対する姿勢を改める

オペレーションとプロジェクトの最大の違いは、目的と期限の有無です。プロジェクトには、テーマごとにゴール（目的）と期限が設定されます。とくに重要なのが期限です。

日常業務がオペレーションで回っている場合、いつまでにこれをやらなければいけないという締切がないケースが大半です。お尻が決まってないから、何か新しいことを始めようといっても、それはかけ声にしかならず、ずるずると時間だけが過ぎていく。

プロジェクトの場合は、期間内に成果を出さなければいけないので、チームをどうまとめていこうとか、スタッフを励まさないといけないといった発想になりやすい。思考回路がそもそも違うわけです。

プロジェクトのテーマは無数にあります。たとえば、男性用トイレはなぜあれほど臭うのか。どうすればにおいを抑えられるのか。調べてみると、いろいろ発見があります。基本は撥ねが原因なのですが、それがわかると、対策も見えてきます。泡トイレにすれば、ほとんど撥ねないし、洗うのも楽です。この章のはじめのほうで全店のトイレをアラウーノに切り替えた話をしましたが（131ページ）、あれもプロジェクトの成果として導入を決定したのです。

換気扇の位置も問題でした。においは下から発生するのですが、換気扇はトイレの上についている。そこに改善の余地があることがわかります。こうした知見は、日常のオペレーションをこなしているだけでは絶対に出てきません。

もっと大きなプロジェクトもありました。次期経営者候補となる人たちを集めた「戦略的問題解決グループ（略称は日本語の頭文字をとってＳＭＫＧ）」では、新業態の利益モデルを研究せよというテーマを与えました。全員で議論と研究を重ね、終了後は役員の前でプレゼンしてもらいました。そうやって深く考えてもらったのは、私が１人で考えてやってしまうと、新業態を引き継ぐことはできないからです。そのためのトレーニングという位置づけでした。

他人を出し抜くようなズルをさせない

サイゼリヤでは店にノルマがないという話は第1章でしました。ノルマがないから、店舗間のムリな競争もありません。そのため、ズルをして自分たちの店をよく見せようという発想がそもそもないのも、サイゼリヤのいいところです。

ただ、いくらノルマがないからといって、まったくの無風状態では現場の気も緩んでしまうので、社長賞を設けて年に1回表彰していました。ただし、その審査基準は毎回変わるし、事前に発表することもありません。「今回はこの人を選びました、理由はこれこれです、以上」と発表しておしまいなのです。社長賞に選ばれた人は、海外に連れていってもらえます。私に同行してイタリアに研修旅行に行った人もいました。

審査基準を事前に公表しないのは、先に言ってしまうと、それに合わせる人が出てくるからです。サイゼリヤでは、そういうズルは嫌われます。だから、みんながやらないようなことを率先してやっているような人を見つけて、それを表彰するようにしたのです。

たとえば、閉店後もずるずる店に残っている人がいます。締めの作業は何時間やっても利益を生みませんし、深夜の時間帯なので、いろいろなリスクも高まります。そのため私としては、スタッフにはできるだけ早く帰ってほしい。でも、それを直接指示しても、なかなか現場は変わりません。

そこである年、タイムカードを調べて閉店から退勤までの時間が短い店を表彰しました。そして、あとから理由をごく簡潔に言う。こういうことをすればほめてもらえる、とわかってくれればいいのです。

逆に、何かをしてほしいと思ってあらかじめ餌をまいても、ほとんど反応はありませんでした。これにはビックリしましたが、従業員の自主性にまかせて、あとからそれを追認するやり方のほうが、サイゼリヤには合っているようでした。

第5章

次の「ミラノ風ドリア」を開発する

——ヒット商品のつくり方

「おいしさ」の定義が違う

サイゼリヤは特別な日のための特別なレストランではありません。毎日気軽に通える「普段使いのレストラン」こそ、サイゼリヤの理想です。そのため店で提供する料理も、毎日飽きずに食べられることが前提です。こってりしすぎで、一度食べたら「しばらくはいいや」とか、凝ったつくりで見た目はすばらしいけど、食べるところはちょっとしかなくて、「全然お腹にたまらない」といった料理は、最初から目指していないのです。

味の素にいた私に「サイゼリヤに来ないか」と声がかかったとき、私は断るつもりでした。化学プラントを担当していた私には、レストランチェーンというのは、まったく畑違いに思えたからです。

ところが、何度断っても、声がかかります。結局、2年間断り続けて、最後に社長(当時。現在は会長の正垣さん)に会ってくれと言われて、しかたなくクリスマス・イブの日に出向いていったのです。

社長と私、そして私をサイゼリヤに誘ってくれた元上司の3人で、1人数万円はするであろう高級ホテルのディナーを囲みました。すると、豪華な皿を前にした社長がビックリするようなことを口にしたのです、「これ、うまくないだろ?」と。ここにあるような技巧を凝らした料理は「売るための料理」「高いお金を出させるための料理」だから、おいしくないし、毎日食べられない。つまり、おいしさの定義が違うというのです。

社長のこの言葉に、私の心はグラッときました。この人はいったいどういう人なんだろう?と興味を持ってしまったのです。それでついにサイゼリヤへの入社を決意することになるのですが、この「売るための料理」「金をとるための料理」の話は、その後もよく聞きました。

たとえば、フランスワインやカリフォルニアワインは「売るためのワイン」で、イタリアワインは「飲むためのワイン」という分け方です。

何年も寝かせたヘヴィなワインはたまに飲むからおいしいのであって、毎日飲むには重すぎる。イタリアワインは毎日飲むワインだから、フレッシュなものこそ好まれる。イタリアでは、空き瓶を酒蔵に持っていくと、ワインを注ぎ入れてくれるのでそれを買う、という風景が見られます。イタリアワインはそれくらい身近な飲み物なのです。少なくとも、高いお金を払ってかしこまって飲むものではない。サイゼリヤのメニューと価格には、正垣会長のそうした思いが込められています。

試食を重ねて「サイゼリヤの味」を知る

サイゼリヤの商品開発は創業以来、正垣社長（当時）の領域でした。

私が商品企画部長となり、商品開発に対して責任を負うようになったものの、自分の好みでメニューを考えていいはずがない、サイゼリヤの味の方向性は崩してはいけないと考えていました。

社長は常人離れした味覚を持つ人でした。さらに困ったことに、彼の表現する単語が独特でした。「濡れた新聞紙のにおい」「ガラスが細かく砕かれたものの食感」などと食べ物ではないものの比喩や、「ウーッとする味」のように理解が難しい表現などがありました。

部下の中に社長の言うことを完全に理解しているスタッフがいればよかったのかもしれません。しかしそのような部下はいませんでした。そこで、私が社長の味覚をしっかりと理解する必要があったのです。

そのためにやるべきことは、一緒にいろいろなものを食べて表現を体験するしかありませんでした。既存品の改良品や新商品などをできるだけつくってもらい、それを試食することを重ねていきました。

社長の味を理解するため、いろいろな店にも足を運びました。有名ステーキハウスのコーンがうまいぞと言われたら、それを食べるためだけに数万円出費することもありました。そのような努力を重ねてサイゼリヤの味の方向性が理解できるようになっていきました。

商品企画を務めていた数年のうちに、体重が約15キロほど増えました。そのため腰痛になり、杖を突いていた時期もありました。

私が社長になってからは、正垣会長との役割は次のように変わりました。

会長はまずいものを検知する能力に長けているので、味のダメ出しをする役割です。そして私は、「どうやってこの味を商品化すべきか」を考える役割でした。

採れたて野菜をメニューに加える

社長になってからはイタリアにコック軍団を連れていって、彼らに各地の伝統料理や食材を学ばせました。行きたい産地や食べたい料理を組み合わせて視察旅行のプランをつくってもらって、私はそれに従うだけ。

イタリアの地方の料理を調べていくと、いかに知らない料理が数多くあるかがわかってきました。そこで味わったイタリアの伝統的な料理を「みんなの知らないイタリア料理」として新商品化していきました。

イタリアの地方料理以外に力を入れていたのが、野菜です。入社当初から農業を担当し、その後も工場の立ち上げチームを率いていたことから、野菜の生産・加工には、改良の余地がたくさんあると思っていました。

農家に行ってまず驚くのは、野菜の味や食感です。スーパーで買う野菜とはまるで違うのです。だから、そのままの野菜をお客さまに食べてもらおうというのが当面の目標になりました。「売れそうだからつくる」のではなく、「おいしいから食べてみて」というのがサイゼリヤの原点であり、繁盛店に共通する点です。

野菜のおいしさは、鮮度で決まります。収穫後からすぐに味がどんどん変わっていくものが多くあります。また、破棄している部分でも普通に食べられるものが多くあることを知りました。

そこで野菜はできるだけ気温が低いうちに収穫して、すぐに温度を下げます。そして、これまで使用してこなかったものも買い取る。そして、工場につけばできるだけ早く加工する。おいしさが落ちる前に、これでもかというくらい、ふんだんに使って加工するわけです。

おいしい野菜をより安く、安定的に

数ある野菜の中で、畑と市場の味がいちばん違っていたのがブロッコリーとコーンでした。

コーンはアメリカの冷凍品を使用していました。アメリカでは、コーン畑の中に工場があります。大型の機械で刈り取られたあと、すぐに工場に運び込まれ、加熱して酵素を殺し、味の劣化を防ぎます。だから、甘いコーンとなるのです。

さらにサイゼリヤでは、できるだけコーンの皮が柔らかいものを使用したいと考え、未熟な段階での刈り取りをお願いしていました。完熟させると中身を守るため皮は分厚くなるのです。未熟なコーンは粒が小さいため収穫重量が減るので、価格は高くなりますが、非常に多くの量を買うので比較的安く購入できています。

一方、ブロッコリーは国内で生産していました。しかも、契約農家でできる分だけ使用していました。

ブロッコリーは通常、クラウンと呼ばれる頭の部分だけ使用されるのですが、実は茎も同じ味をしています。ただし、皮の部分が硬くなったり、中に硬い部分ができたりすることから、使用されずに廃棄されていました。

そんな茎の部分の活用法を工夫する中で、大量のブロッコリーを使用したスープなどが開発されました。鮮度が高いブロッコリーを大量に使用したスープがおいしくないわけがありません。当時この方法では、供給できる量に制限が生じることが課題でしたが、いまでは大量に入手することができるようになったようです。

ほかのレストランチェーンを見ればわかりますが、野菜のメニューは実はそれほど多くありません。とくに葉物野菜の量は限られています。健康志向の高まりで、サラダを充実させたレストランは増えていますが、野菜は高いし、すぐに悪くなる。だから、サイゼリヤと同じ価格帯で、サイゼリヤと同じ量のレタスを使ったサラダは、見たことがありません。日持ちがするキャベツならわかりますが、レタスではそもそも無理なのです。レタス栽培の歴史については第2章で紹介しましたが、あそこまで力を入れてきたからこそ、サイゼリヤの現在があるのです。

トマトも力を入れた野菜のひとつで、品種改良を重ねました。日本で一般に使用されているトマトはカットすると果肉が崩れてしまうことから、店舗でカットしていました。そのためにかかる人件費は相当なものでした。また、カットに包丁を使うとけがをするリスクが高くなるため、専用のカッターを使用していました。

専用カッターを使うことでけがは減ったのですが、捨てる部分も多かったため、今度はカット方法をスライスから八つ切りへと変化させていきました。

カットしても果肉が崩れないトマトができてから、工場でカットすることが可能となりました。大量に処理するために、カットの形状は角切り（コンカッセ）となりました。

このように品種や形状を大きく変える際は、お客さまからクレームが一切出ないことをテストで確認しながら開発を進めていました。

食材までさかのぼって改善を積み重ねる

トマトの例からもわかるように、食材の品質向上やコスト改善のためにはいろいろなことを変えていく必要があります。

生産プロセスを全部手がけているサイゼリヤだからこそ、できることです。

一般に、新しいメニューを開発するときは、必要な食材をどこから調達するかが課題になります。規模の大きなチェーンの場合、安定供給を優先するなら、契約農家との取引を中心とし、大量購入によるバイイング・パワーを活かして、そのときいちばん安いものを買って仕入れコストを下げる戦略も当然、視野に入ってきます。

ただし、安さによって仕入先を頻繁に変えると、どうしても品質にムラが出てきます。いつも同じ味、同じ品質のものを提供したければ、仕入先を固定したほうが安心です。とはいえ、ただ同じ農家から買えばいいというわけでもありません。より使い勝手のいい品種に改良し、農家ごとに生産量や納入時期を適切に割り当てるなど、生産プロセスに直接関与しているからこそ、圧倒的な安さと品質、そして安定供給という、簡単には真似できない強みとなるわけです。

食材の生産、調達、加工、物流、店舗での提供に至るまでを一気通貫で手がけるサイゼリヤは、バーティカル・マーチャンダイジングを標榜しています。どこまで上流にさかのぼれるかを追求していくと、最後は食材そのものに手をつけるしかない。逆にいうと、食材から手を入れているから、向かうところ敵なしになるのです。

レストラン版のユニクロ（製造小売業）だからできること

私はもともと化学プラントの生産技術者でしたから、新しいメニューを考えるときも、料理人や外食業の人たちとは発想のベースが違うようです。はじめにレシピありきで、必要な食材の仕入先をその都度考えるのが対症療法的な発想だとすると、食材までさかのぼって、それを技術で解決しようという姿勢は、一般化そのものです。

いったん抽象度を高めて一般化すれば、適用できる範囲が広がります。一度つくった解決策の射程が長くなる。だから、それがコア・コンピタンス（自社の真の強み、中核能力）になるのです。ひとつの現象にしか使えないのは、ただのコンピタンスで、継続的な差別化要因とはなりません。

その意味で、サイゼリヤが目指しているのは、ユニクロで知られるＳＰＡ（アパレル版の製造小売業）のレストランバージョン（ＳＰＦ：フード版生産小売業）に近いかもしれません。製造プロセスを原材料にまでさかのぼって、技術で解決するという姿勢はよく似ていると思います。ただし、ユニクロの素材開発には化学メーカーが関わっていると聞きますが、サイゼリヤの野菜栽培は完全自前主義です。そこまでやるから差別化できるのです。

サイゼリヤのことを、ただの安いイタリアンレストランだと思っている人は多いかもしれません。でも、その裏側には、おいしさと安さを生み続ける確固たる仕組みがある。サイゼリヤは魔法ではなく、技術と知恵によって「奇跡の会社」となっているのです。

「白いアマトリチャーナ」ができるまで

もうひとつ、厨房スタッフを連れてイタリア各地を回る、毎年恒例の視察旅行から生まれたメニューの話も紹介しましょう。2016年に話題を集めたアマトリチャーナというパスタの誕生は、いろいろな偶然が重なっています。

アマトリチャーナは以前から日本にもあって、私もその存在は知っていました。でもそれは、トマト味のロッソ（イタリア語で「赤い」を意味する）のアマトリチャーナでした。その年の視察旅行は、イタリア半島中部の山岳地帯の豚肉の産地を回ってからローマに向かうコースでした。視察を終えてローマに向かう途中、ふと思い立って地図を見ていたら、そこにアマトリーチェという街があるのを見つけたのです。

「これ、アマトリチャーナの発祥の地ちゃうか？　行ってみようや」というわけで、予定になかったその街を訪れ、そこにあったレストランに入ってみました。予想は大当たりで、アマトリチャーナはたしかにありました。しかも、ロッソ（赤）とビアンコ(白)、2つのアマトリチャーナがあったのです。

お店の人に「ビアンコなんてあるの?」と聞くと、「トマトより前にあったから、白いのがオリジナルや。トマトが入ったロッソはたかだか200年くらいの歴史しかないで」というからビックリです。ただ、そのときは「おもしろいな」と思っただけで帰ってきました。

アマトリーチェがイタリア中部地震の被災地に

それから数年後の2016年、本部の成果報告会開催中にスマホをいじっていると、「イタリア中部地震」の文字が目に飛び込んできました。この地震は別名「アマトリーチェ地震」と呼ばれているように、被害の中心地だったアマトリーチェでは多くの死傷者が出ていました。そこで連絡をとってみると、なんと、私たちにアマトリチャーナをつくって出してくれたおばあちゃんまで亡くなっていたことがわかったのです。

私はその場でアマトリーチェに寄付することを決めました。そのために、アマトリチャーナを売り出そう、ロッソとビアンコを両方とも売り出し、1皿あたり100円ずつ寄付しよう（販売価格は税込み399円）、それが1億円貯まったら現地に持っていこう、と矢継ぎ早に指示を出します。

地震が発生したのは8月24日、そこから急いでアマトリチャーナ・ロッソとビアンコを商品化し、「イタリア中部地震復興支援」「1皿につき100円を寄付します」と明記して、国内全店で売り出したところ、爆発的に売れてあっというまに目標の1億円に到達しました。そこで、地震発生からおよそ2か月後の10月23日、1億円をもって社員が現地に飛んだのです。熱烈歓迎されたようで、地元テレビ局でも取り上げられました。それもあって、サイゼリヤの名前は、一部のイタリア人のあいだに浸透しています。日本でも、アマトリチャーナという料理の名前が一般化しました。

この話には後日談があって、料理人・飲食店プロデューサーのイナダシュンスケさんは、アマトリチャーナ・ビアンコを食べて感激し、サイゼリヤのファンになってくれたそうです。彼の著書『人気飲食チェーンの本当のスゴさがわかる本』（扶桑社新書、

2019年）で取り上げてくれたことがきっかけでつきあいが始まり、続編『飲食店の本当にスゴい人々』（扶桑社新書、2022年）には私との対談も収録されています。

みんなの知らないイタリア料理を探せ

アマトリチャーナはアマトリーチェで昔からつくられてきた伝統的なパスタ料理。豚ほほ肉の塩漬けと羊乳でできたペコリーノチーズという地元の食材でできたビアンコがまずあって、そこにトマトを追加したロッソがあとからできました。

そういうルーツがわかると、いろいろなことが見えてきます。

たとえば、アマトリチャーナ・ビアンコに卵が入ったら、カルボナーラになる。カルボナーラはローマ発祥とされているので、アマトリーチェからローマに移ったときに卵が入ってカルボナーラができたのかもしれないなと想像がふくらみます。さらに追いかけていくと、ローマには粉チーズとブラックペッパーのみで仕上げたカーチョ・エ・ペペというシンプルな伝統パスタがあり、すべてはそこから派生したのかもしれません。

このアマトリチャーナの成功によって、「みんなの知らないイタリア料理を探せ」というのがひとつの開発目標になりました。大人気となったラム肉の串焼きアロスティチーニも、日本人は誰も知らないけど、イタリアでは昔から食べられていたものを商品化したのです。それがＳＮＳ時代にマッチしました。ＳＮＳでバズったおかげで、アロスティチーニは売れすぎて生産が間に合わないという、うれしい誤算までありました。

日本風にアレンジしたものが定番商品に

インド発祥のカレーや中国由来のラーメンが日本人の好みに合わせてアレンジされ、やがて日本の国民食になったように、日本風のアレンジはやはり定番商品を生み出す原動力になっているようです。

サイゼリヤのパスタにはイタリア由来のメニューが並びますが、いちばん人気となっているのは、タラコソースシシリー風です。たらこスパゲッティや明太子スパゲッティは和風パスタを代表する料理ですが、やはり日本人の口に合うようです。サイゼリヤのタラコソースシシリー風には海苔がかかっていますが、あれはただの飾りではなく、生臭さを抑える効果があるのです。

サイゼリヤを代表するメニューのミラノ風ドリアですが、ドリア自体日本で生まれたものです。

ドリアとは、ライスにホワイトソースをかけてグリルしたライスグラタンのことです。ライスは当初、日本人になじみ深いケチャップライスを使用していました。現在は工場でつくりやすいように、ターメリックライスに代わっています。

このライスに、ホワイトソースとミートソースをかけます。ミートソースには大量のトマトが使用されています。トマトにはうまみ成分であるアミノ酸がたっぷり含まれているため受け入れられたものと考えています。

世界三大料理は、中華料理、フランス料理、トルコ料理ですが、それぞれ、温帯モンスーン気候（高湿度）、地中海性気候（やや乾燥している）、砂漠気候（乾燥）をそれぞれ代表する料理です。

それらは湿度の高低の差により、うまみが変わっているものと考えています。

高湿度では、食物が腐りやすく発酵調味料が使用されます。そこに含まれるうまみはアミノ酸が代表となります。アミノ酸はうまみが長引いて、ご飯が食べやすいことが特徴です。

地中海性気候では、肉が適度に熟成してくれます。そこに含まれるうまみが核酸です。うまみは強いですが切れのある味になります。

砂漠気候では、ものが腐る前に乾燥してしまうため、よく香辛料や酢、油が調味料として使用されます。物質としては、いろいろな香辛料成分や有機酸、脂肪酸が味の決め手として機能しているものと考えています。

これらのことから、日本にアレンジするには、アミノ酸がキーになるといえるのです。

食のローカライズは世界中で起きている

日本では、日本人の口に合わせたイタリアンが売れるように、中国のサイゼリヤでは、中国人の好みに合わせた麻辣《マーラー》パスタをメニューに加えていて、やはりこれも人気があります。その土地の好みに合わせた「食のローカライズ」が大事なのは、日本だけではないということです。

日本と中国を比べると、注文のしかたにも顕著な違いが表れます（図５）。ジャンルごとの注文数を比較するために、日本の注文を標準偏差50としたときの中国の偏差値を見ると、「前菜」「スープ」「パスタ」「ピザ」の注文が軒並み偏差値75を超えています。つまり、そのくらい突出してこれらの注文が多いということです。

一方、日本の注文で強烈に強いのは、「米料理・グラタン」と「パン・ライス」、それに「ワイン・アルコール」です。つまり、米と酒、ご飯と酔っ払い天国なのです。

ここからわかるのは、中国では、「前菜」「スープ」「パスタ」「ピザ」をコース料理

図5 注文のしかたの違い　中国vs日本

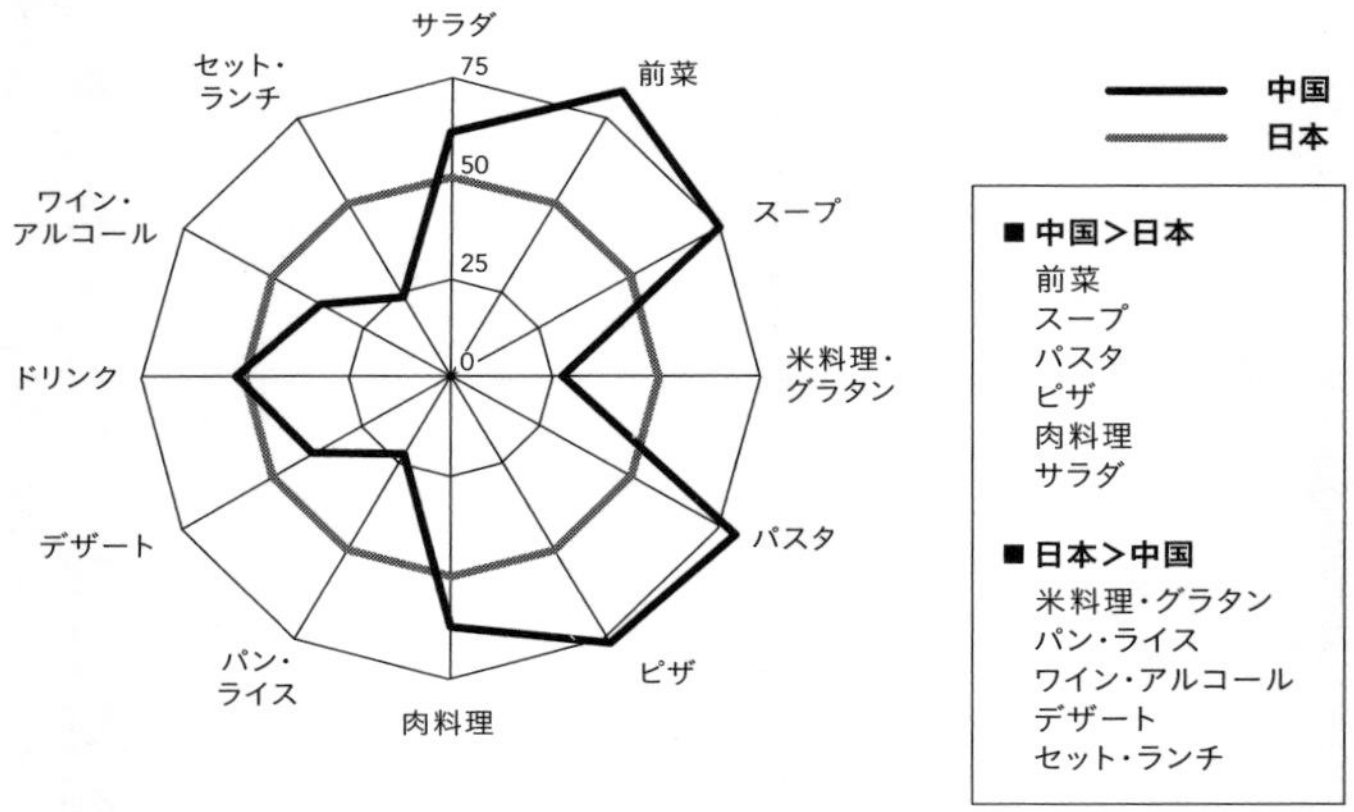

のように頼んでいるということです。大皿で注文してシェアする中華料理と同じで、要するに、多くの料理をちょっとずつ食べるわけです。このあたりは食の先進国ならではの洗練を感じます。

その対極にあるのがアメリカです。レストランで観察していると一品をひたすら食べ続けています。さらに、残ったものを持ち帰り、翌日再び楽しんで食べるそうです。

ちなみにアメリカ最大のイタリアンレストランチェーン「オリーブガーデン」でも、出てくるものはしっかりアメリカナイズされています。従業員のイタリア研修などもあるようですが、味は真似ないようにと指示が出ていると聞いています。

アメリカ発のマクドナルドも、各国の食文化に寄せるのがとてもうまい。日本ではてりやきマックバーガーが定番商品の仲間入りをしていますし、中国やタイの朝マックではお粥が、香港の朝マックではヌードル入りのスープがメニューに加わっていて、地元で愛されているようです。

「アルデンテ」がもてはやされたのは情報を食べていた!?

1980年代後半から90年代初頭にかけてのバブル絶頂期には、日本に本格イタリアンが続々と参入し、「イタ飯」と呼ばれて人気を集めていました。その頃は、パスタをやわらかくなるまで茹ですぎず、少し歯ごたえが残るくらいの「アルデンテ」が通《つう》の食べ方だと、もてはやされていたのを覚えている方もいるかもしれません。

ところがいま、「パスタはアルデンテじゃなくちゃ」という人はほとんど見かけません。若干、芯が残った硬いパスタを喜んで食べる人は、イタリアにもいないのです。そもそも手づくりの生パスタには芯なんてないし、家で食べるときも、大皿に盛って分けているうちに、麺はどんどんやわらかくなっていきます。

本書のプロローグで、サイゼリヤを「マンマの味」だとベタほめしてくれたイタリア人の話を紹介しましたが、それはなぜかというと、サイゼリヤではパスタをアルデンテではなく、やわらかめにして提供しているからでもあります。いまでは、パスタの袋に載っている茹で時間よりもあえて長めにボイルして提供するレストランも出てきているようです。

オーバーボイルする時間は標準茹で時間プラス3分くらいがいいようで、9分と書いてあるなら12分茹でると、ある瞬間を境にネチッとした粘度が出てくる。その状態で食べたほうがおいしいという理解が広がってきています。

ただし、茹でてから時間が経つと麺がのびてしまい、味が抜け、ぐずぐずした食感になります。これはお勧めできません。

第6章

サイゼリヤはなぜ中国で受け入れられたのか

――海外進出の成功法則

裏路地の上海1号店からひっそりスタート

サイゼリヤの海外店舗は現在485店。その内訳は、香港を含む中国が432店、台湾21店、シンガポール32店です（2023年8月期）。海外出店は上海からのスタートで、2004年に1号店ができました。

そのときは、サイゼリヤ海外進出に私は直接タッチしていないのですが、それを推進した私の元上司も味の素で海外経験が長い人だったので、中国への展開は当たり前のように考えていたのかもしれません。

海外1号店が北京ではなく上海になったのは、おそらく、上海のほうがサイゼリヤ向きの立地が多いと考えたからではないでしょうか。サイゼリヤは雑踏の中こそふさわしいのですが、北京は立派な表通りばかりで、それらしい裏路地があまりありません。最初から賃料の高い一等地ではなく、一・五流や二流の立地から始めたいと考えていたサイゼリヤにとって、上海のほうが選択肢が多かったのではないかと思います。

とはいえ、記念すべき海外1号店の立地はひどすぎました。こんなに薄暗いところに本当にお客さまが来るのかなと思っていたら、案の定、ほとんど人は来ませんでした。はじめての海外出店ということで、当初は、サイゼリヤにしては高めの値づけをしていたのがよくなかったようで、オープン初日こそ地元の偉い人が来たり、獅子舞が踊ったりして賑わっていたものの、次の日から客足はまったく伸びなかったそうです。

そこで少しずつ値下げをしていったのですが、ちっとも反応はありません。店舗数は5店まで増えていきますが、どこも盛況とはほど遠い状況です。

最終的に、しびれを切らした会長の「ちゃんと値下げせえ」という鶴のひと声で当初価格の6割引き、7割引きまで一気に値下げしたところ、ようやくドカンと火がついた。お客さまが押し寄せて、入店待ちの行列が１００メートルも並んだという話です。

20店舗までは赤字覚悟で我慢する

値下げで爆発的に売れたので、同じような価格帯で出店攻勢をかけ、そこからは順調に客数も伸びていきました。しかし本部費用や初期投資を計算に入れると完全な赤字でした。何とか黒字になったのは、上海の店舗数が20を超えた頃でした。店単位で考えると黒字なのですが、全社ベースで黒字になるには多くの店舗が必要だったのです。

ところが、たいていの日本企業は、1、2店舗出して利益が出ないと、さっさと撤退してしまう。店舗以外に本部コストが乗っているわけで、当面、赤字なのは当たり前なのにもかかわらず、です。逆にいうと、1号店、2号店を出しただけで利益が出るようなら、中国の模倣店がすぐ近くに出店して、あっというまにレッドオーシャンです。

投資した資金が右から左に消えていくような状況に、どこまで耐えられるか。企業としての胆力が試される局面です。幸いなことに、味の素出身の元上司も私も海外経験が長かったので、ちょっとやそっとのことでは動じません。

さらに、サイゼリヤという会社がもともと「利益を出す」ことにうるさくないことも奏功しました。日本の本社から「早く黒字化しろ」とせっつかれても、できないものはできないのです。それができるようになるには、ある程度の規模と時間が必要だということです。

露骨にマネしてくる模倣店を駆逐する

サイゼリヤが値下げを断行し、急に客足が伸びて、店の前に行列ができるようになると、すぐに模倣店が登場しました。ひとつ繁盛店が生まれるとあっというまに模倣店が出てくるのが、中国という国の現実です。

模倣店の多くは、かつてサイゼリヤで働いていたメンバーが関わっていました。お客さまとして店に来ただけでは、キッチンなどの見えない部分や管理方法、教育方法もわかりません。それらを盗みとるために短期間働き、情報を得たらいなくなるようです。現在でも、そのようなことをおこなっている経営者がいると聞いています。したがって、値段もメニューもそっくりな店ができてきます。

私たちも模倣店の様子を観察に行きましたが、模倣だけではなく、内装などはサイゼリヤよりきれいにつくられており、内装にあまりお金をかけていないサイゼリヤの弱点が補強された店になっています。

しかしながら、そうした模倣店も、数店舗では利益は出ません。資金力に余力のない模倣店はインフレによるコストアップには耐えられず、次第に商品単価を上げざるを得なくなっていきました。

模倣店はやがて、ピザハットの価格帯に落ち着きました。中国のピザハットの値段は決して安くありません。どちらかというと、デートに使う高級レストランに近いイメージです。

中国のサイゼリヤは、ピザハットの4割くらいの価格帯を維持するように心がけていた――あとで説明するように、中国で商売するときは細かな価格調整が必要なので、そのベンチマークとして、グローバル大企業であるピザハットの値づけを参考にしていました――ので、それと同じくらいの価格帯のイタリアンレストランは、サイゼリヤにとってもはや競合ではありません。逆に、イタリアンレストランの市場を広げてくれる協力者でした。

中国で成功するには、資金力が非常に大きな武器のひとつになると考えています。

単独資本で中国に進出した理由

中国で成功した要因は、たしかに財務力の勝負という側面もあるのですが、ただ資金をつっこめばいいというわけではありません。

たとえばサイゼリヤは、中国資本と組んで投資性公司（中国版の持株会社のようなもの）を設立するというやり方を採用しませんでした。数十億円単位の出資金を最初に納付しなければならないという決まりがあり、中国当局の目が光っているため、事業がうまくいかなかったからといって、資金を引き上げることができないからです。

それなら完全子会社を設立し、数億円で始めて、足りなくなったらその都度、数億円ずつ追加する。そうやって徐々に大きくしていくほうが、リスクヘッジにもなるし、理にかなっていると思います。

単独資本で進出することについては、かなり調べました。当時はインドネシアやタイなど、一部の国を除けば、ほとんどの国で独資での参入が認められていました。中国資本を入れたくなかったのは、文化の違いもあるし、いまの価格帯で売り続けることはできなかったはずだからです。中国の出資者が「もっと儲けろ」「値上げしろ」とプレッシャーをかけてくることは、容易に予想できました。私は日本の投資家からも「もっと値上げしろ」と言われていましたが、中国人の値上げ圧力はおそらくその何倍にもなっただろうと思います。すると、いまのような低価格のレストランは維持できない。結果として、サイゼリヤの強みも失われてしまうだろうと考えていました。

二流の立地で安く始める

客商売では立地が大事とよく言われますが、上海に進出したばかりの頃は、とにかくひどい立地ばかりでした。賃料の問題もあって一・五流、場合によっては二流の土地に出店せざるを得なかったというのが実情ですが、結果的に中国では、この出店戦略が大当たりします。

最初は大型の路面店が中心で、客席が200席を超える店もありました。それもあって、なかなか埋まらなかったのですが、値下げによって爆発的にヒットしたおかげで、順調に店舗数も増えていきます。100店を超えたあたりからは、中国トップのショッピングセンターからも声がかかり、とてもいいスペースをもらえるようになりました。

好調さを継続していくと、さらによい立地を提案されるようになりました。ただし、それには次のような条件をのむ必要がありました。

「1階に入りたかったら、ほかの土地にあるショッピングセンターにも全部出店してほしい」

「それだけは受けるな」と私は言っていました。なぜなら、広大な中国全土に散らばる店を運営できるだけのキャパシティがまだなかったからです。それに全部ついていけるのはマクドナルドくらいで、だからマクドナルドは、どのショッピングセンターでもいちばん目立つ場所に出店しているのです。

サイゼリヤは、その次あたりにいいスペースをもらえています。集客力があるからです。日本でいえば、スターバックスのような扱いです。

ショッピングセンターに出店できるようになると、今度は、最初の大型店を潰して、その周辺のショッピングセンターに少し小型の店舗を2店、3店と入れていく。そうやって店舗数を増やしていきました。わずか数年で店舗を潰して大丈夫?という声が聞こえてきそうですが、中国の店舗は老朽化が激しいのです。安い木材を使っているからです。1号店なんて、たった2年でボロボロになりました。だから、最初に出した店を潰して、よりよい立地のショッピングセンターに移っていくにはちょうどいいタイミングだったのです。

「潰して移転」を高速回転させるのが中国流

日本の感覚だと、一度店を建てると30年くらいもちます。ところが中国では数年でダメになってしまうので、どんどん新しいところに移っていくほうが合理的です。一・五流、二流の立地から始めたことが、結果的に成功につながったわけです。

これがもし最初から一流の立地に出店していたとすると、数年でボロくなってきたら、改装するしかないわけです。3カ月くらいは休業です。そうすると、従業員はいなくなる。新装開店するときは、またゼロから人を集めなければいけないので、教育のやり直しが必要です。だから、前の店舗を潰して、すぐに近くのショッピングセンターに移転するのが好都合なのです。休業期間もなく、従業員もそのままスライドできて、ムダがないからです。

最初は二流でもいいから、安い場所に出店し、知名度が上がってから、どんどんいい場所へ移転していく。この方法は、日本でも同様な考えでおこなっていますが、速度感はまったく違います。

日本は15～20年で移転しますが、中国の場合数年で移転します。

そのほうが、古いものがどんどん壊され新しいものが次々と生まれる中国経済のスピード感にうまくマッチしていたようです。

なにしろ、ショッピングセンター自体、続々と新しいものが誕生して、すぐにさびれてしまう世界です。すごいスピードで劣化していくショッピングセンターに取り残されることも当然発生します。

しかし、ショッピングセンター自体の客足が減ってもサイゼリヤの集客力は変わらないため、取り残されても生き残ることができるのです。

ほとんどの店が撤退し、真っ暗になったフロアの中で、1店だけ煌々と明かりを灯して営業しているにもかかわらず、客席はちゃんと埋まっている。そういう店が実際にありました。サイゼリヤは中国でそれだけ受け入れられているということです。

価格は固定せず、細かいインフレ調整をおこなう

サイゼリヤの魅力は、ベンツで来店する人から散歩がてらに立ち寄る近所の人まで、あらゆるお客さまが同じ空間を共有できるところだとプロローグで述べました。

しかし、それが通用するのは日本国内だけで、中国では別の論理が働くようです。

日本国内の客単価は700円台で推移しており（2023年第2四半期で796円）、最低賃金（時給）の7割ほどです。つまり、1時間働けばお釣りが出るレベル。ディナーに限ればもう少し上がりますが、それでも1時間働けば食べられる計算です。

一方、中国を中心とした海外店舗の客単価は、日本円にして500円台で推移していましたが、ここ数年で急激に上がり、2023年第2四半期には日本円で869円、ついに日本を上回りました。

中国の最低賃金は、全国1位を記録した上海で月2690元（2023年7月改定）、第2位の北京で月2420元（2023年9月改定）です。1元＝20円とすると、それぞれ5万3800円、4万8400円となり、まだ日本とは開きがあります。そう考えると、中国のサイゼリヤは、安いといっても、給与レベルで見ると日本よりも割高なことがわかります。

ただし、日本人の給料はずっと同じか、やや下がる傾向にあったのと違って、中国人の給料は右肩上がりで増えていたので、生活力は年々向上します。そのため、安いから客が入ったということで、同じ価格のまま据え置いていると、知らず知らずのうちに客層が変わってくるのです。

いままで来店しなかったような人たちが客席を埋めるようになると、かつてのファンの足が遠のいてしまう。その結果、どんどん店の雰囲気が悪くなってしまうことがわかりました。

日本の場合は全国民が対象で、そこに区別はないのですが、中国ではどうやらそうではないらしい。それがわかったので、人件費や物価の上昇に合わせて、細かく価格調整をおこなうようになったのです。

お客さまの生活水準の向上に価格上昇を連動させれば、その人たちはちゃんとついてきてくれる。そのとき、ベンチマークとして利用させてもらったのが、ピザハットの価格変動です。近くのピザハットが値上げしたら、その4割をキープするように価格をスライドさせるだけで、望ましい客層を維持できるというからくりです。相手が巨大企業だからできる戦法でもあります。

次の総経理を育てるキャリア開発プログラム

上海で最初に展開した5店舗にやっと火がつき、客足が伸び始めたタイミングで、次の事業所をつくることになりました。それが2007年のことで、なぜか広東省の恵州という地方都市に出店しました。

広東省の大都市といえば、省都・広州（人口1800万人）、経済特区の深圳（同1700万人）、大工業地帯を抱える東莞（同1000万人）が有名ですが、香港から対岸の深圳、東莞、広州へと至る円弧から外れた東にある恵州市（人口600万人）がなぜ次の出店先に選ばれたのかは、正直よくわかりません。しかも現地法人の拠点は、恵州から遠く離れた省都の広州に置かれました。

2009年に私が社長を引き継いだとき、サイゼリヤの中国法人にいる日本人は、基本的に総経理だけの1人体制でした。それを3人体制にしたのが、私が最初にやったことです。なぜかというと、各拠点に1人ずつでは次の総経理が育たないからです。海外未経験でいきなり現地法人の総経理というのはムリがある。だから、最初は若いうちに1回目の海外赴任を経験してもらいます。ただし3年で戻ります。その後、日本で2、3年経験を積んだあと、2回目の海外勤務となります。その中から次の総経理が出てきます。そういうキャリア開発プログラムをつくりました。

しかし、海外を経験して日本に帰国すると、仕事がつまらないと感じる人が必ず出ます。向こうでは裁量権が大きく、何でも決められたのに、日本に帰ってくると、とたんに権限がなくなってしまうからです。海外で伸び伸びと仕事をしていた人ほど、耐えられなくなって辞めてしまう。初期の総経理経験者は全員会社を去りました。

海外経験を若いうちにさせる現実的な理由

ところが、辞めていった人が必ずしも成功するかというと、そんなことはありません。

出店数が順調に増えていけば、売上は自然と伸びます。それが自分の実力だと思いたくなる気持ちはわかりますが、実際はそうではないことが多いわけです。出店戦略はもともとエリアマネージャークラスの仕事で、それは日本とあまり変わらない。求められるのはむしろ、経営者の視点なのですが、そういう視点をもっている人はまれです。

それでも経歴だけ見れば、中国で総経理をやっていて、こんなに業績を伸ばしてすごい、という評価になりがちなので、他社からそれなりのポジションで迎えられます。それで最初はちやほやされるのですが、結局ものにならずに、いつのまにか音沙汰がなくなった、という人も何人かいました。

これは海外赴任のある会社ではよくある現象で、古巣の味の素でも、海外出向したあとに「海外ボケ」に陥ってしまう人をたくさん見てきました。

私がそれを回避できた理由ははっきりしています。若かったからです。29歳のときに辞令をもらい海外に行きましたから、5年後に帰ってきてもまだ34歳。だから、帰国後にちゃんとポストがもらえました。味の素で課長になるのは35歳前後とされていましたから、タイミング的にはばっちりです。

ところが、部長になってからはじめて海外に行くような人は、帰国してもたいてい部長のままです。役職は変わらず、ポジションが落ちることはないけれど、仕事の役割や権限は、人によっては縮小されて、副部長クラスになったりする。それでグチグチ文句を言い始めるというのが、典型的な「海外ボケ」です。

部長より上に行ける人は限られているため、海外で羽を伸ばしてしまった人ほど、帰国後に自分が不当な扱いを受けている気がして、腐ってしまう。そういうことは実際よく見聞きします。

そこで私は味の素時代に、自分の専門分野にいた100人ほどの社員全員分のキャリアマップをつくりました。Aさんは何歳のときに海外に出て、何年後に帰国、次はどこどこの部署に何年いて、何歳のときに2回目の海外へ。Bさんは……といった具合です。その経験があったから、サイゼリヤでもキャリア開発プログラムをつくる必要性を感じました。

最初の数年は私自身がプログラムをつくって運用していましたが、しばらくしてプロパーの役員に全部まかせることにしました。ところがすぐに戻ってきて、「ムリです、言い合いになってしまって収拾がつきません」というのです。プロパー同士だと、みんなどんぐりの背比べで、お互いに譲らない。だから私に決めてもらったほうがいいということで、なかなか難しかった。

しかし、こういうのは慣れの問題ですから、次の世代はきっと、そういうプログラムを自分たちでつくれるようになるはずです。

「あの人、何しに来たの？」と言われないために

海外経験がない日本人でも、向こうに行けば、現地スタッフの上に立つことになります。このとき、現地スタッフに舐められてしまうと、物事がうまく運びません。

舐められてしまうのは、ロジックで相手を説得できない人。日本にいるときと同じ感覚で、オペレーションによって「どうだ、うまいだろ？」と自分の力を見せつけようとすると、たいてい失敗します。上に立つ人間には、そういうことが期待されてい

るわけではないからです。

よく聞かれるのは、「あの人、何しに来たの？」ということです。そのときに、「あの人は、こういう技術をもっていて、こういうところが優れている。だから日本から来たんやで」と説明できなければ、そっぽを向かれてしまいます。それは前職でも同じで、工場の現場は高卒の社員が中心です。そこに、本社から大卒の課長がやってくると、彼らは決まって「あの人はなんで課長なんですか？」「おれたちのほうが給料もらっていいんじゃないですか？」と聞いてくる。そこですかさず、「いや、そうじゃない。あの人は……」と説明できなければ、信用してもらえない。それと同じです。

この人は自分に何を与えてくれる人なのか。相手が知りたいのは、具体的なメリットです。給料を上げてくれるのか、ポジションを与えてくれるのか、スキルをアップさせてくれるのか、知識を増やしてくれるのか。どれも与えてくれない人は、それこそ「何しに来たの？」と言われてしまう。

海外に行った人は、現地スタッフからつねに値踏みされていると思っていてちょうどいいくらいです。それくらいの緊張感をもって対峙しなければ、すぐに舐められて、言うことを聞いてもらえないのです。

ロジックで相手を説得する

私はそうした経験をブラジル時代にたくさん重ねました。現地の幹部クラスが非常に優秀なメンバーだったので、少しでも曖昧なことを口にするとすぐに「なぜ？」「どうして？」「どういうこと？」とつつかれる。あまりにしつこいので、さすがに頭にきて、「うるさい、好きだからやるんじゃ！」と言うと、「好き嫌いはズルい！」と返ってくる。そういう環境でずっとやりとりしていたので、ロジック力が相当鍛えられました。

論点をできるだけ明確にして、イエス／ノーもはっきり口にするようになったのは、そのときの経験が大きいです。おかげで、いまは外国人との交渉も、あまり苦にならなくなりました。

中国人も相手のロジックを見ていますから、一緒にご飯を食べに行って、ダラダラと自慢話をしたあげく、お酒が入ると、ちょこちょこ説教が入るという日本的なコミュニケーションは、中国人から最も嫌われるパターンです。

そもそも中国の人たちはプライドが高いので、大声で叱りつけたり、やたらにマウントをとったりすると、すぐに辞めてしまう。中国ではパートタイムで働く人は少なく、ほとんどが正社員ですから、いちいち辞められては、採用するのもたいへんです。

厳しさを見せておかないと舐められるし、かといって、厳しすぎるとすぐに辞めてしまう。そういう意味では、扱いが難しいのですが、それは外国ならどこも同じです。外国人との距離感は、場数を踏んで慣れていくしかありません。

広州に中国初の工場をつくる

サイゼリヤはもともと、カミサリー（補給部隊・セントラルキッチンなどを指す）モデルといって、工場を中心にオペレーションを簡素化していって、コストリーダーシップを実現するのが強みでした。このやり方が中国でも通用するのか試してみようということで、中国の広州に工場をつくることにしたのです。ただし、本気でお金をかけてしまうと、失敗したときの被害が甚大になるので、撤退前提の工場をつくろうと言いました。

具体的には、建屋は建てるな、借りてこい。日本製の機械を入れるな、中国製でやれ、ということです。日本製の機械は値が張る代わりに、故障も少なく寿命が長い。一方、中国製の機械ははるかに安く買えるけど、すぐに壊れる。撤退含みなら、中国製の機械一択です。そういう工場をつくって、カミサリーモデルを試してみました。

結論から言うと、どちらでもよかったのです。工場があってもなくても、ちゃんと利益が出た。もしかすると、カミサリーをうまく使いこなせていなかったのかもしれませんが、それは現地に生産技術にくわしい人間がいなかったからでもあり、商品企画もあまり得意ではなかったので、どう展開していいか、よくわからなかったからでもあります。

しかし、最大の問題は、まったく別のところで発生しました。そもそも撤退前提の工場としたのは、中国ではどんな法律や規則で嫌がらせを受けるかわからなかったので、それを調べるためでもあったのです。これも味の素時代の経験ですが、技術支援チームで中国に行ったとき、隣にあったイギリスの工場がいつまでも稼働しないというケースがありました。理由を聞いても教えてもらえませんでしたが、今回、自分たちで工場をつくってみて、これが原因だったのかもと思うような事態に遭遇しました。

日本の成功モデルがそのまま海外で通用することはむしろまれ

中国の役所からは、「まず工場をつくり、次に従業員を雇って動かしなさい」と言われました。そして工場をつくったところ、「ただし売ってはいけません」という条件がつきました。つまり、従業員を雇って、物をつくりながら、それを捨てる。それがルールだというわけです。

そんな無茶なと思っても、従わないという選択肢はありません。これが中国の難しさかと実感しました。いまは変わったかもしれないけれど、そういう問題が起きる。だから最初から「撤退前提」で試したのです。

味の素が中国で工場を動かせたのは、権限を全部中国側にもたせたからです。私たちはあくまで技術支援に行っただけ。そういう形にしていたので、すぐに動かすことができたわけです。外国で事業を営むには、どういうモデルならうまくいくか、やってみないとわかりません。

そもそもサイゼリヤのカミサリーモデルが成功したのは、日本が特殊だからかもしれないと思っています。というのも、長年海外を見てきて思うのは、日本の都市構造はきわめて独特だということです。

海外における都市の多くは、都市国家ポリスの時代から、周囲を城壁に囲まれていました。都市と都市のあいだはいわば緩衝地帯で、ほとんど人が住まない田園風景が広がっているのが普通です。つまり、それぞれの都市はポツン、ポツンと散らばる「点」にすぎません。

ところが、日本の都市はほとんど途切れることなくつながるベルト地帯です。新幹線に乗るとよくわかりますが、富士山麓など一部を除いて、住宅地が延々と連なっています。それは点と点をつないだ「線」というよりも「面」。あたり一帯、あらゆるところに人が住んでいるわけです。

だから、その一帯を埋め尽くすように出店できます。サイゼリヤでは、300店に工場ひとつというモデルを採用しています。それくらい集約できるから、コスト競争力がとても高くなるのです。

一方、海外の都市のように「点」と「点」が離れていると、配送費がものすごくかかります。そのため、ひとつの工場で300店もまかなうのは現実的とはいえません。結果として、工場に集約できる範囲が限られてしまう。つまり、大きな工場をつくってもペイできない可能性が高くなります。

日本のモデルがそのままでは通用しない理由は、それだけではありません。広州工場は広州と恵州のあいだに地代の安い工場地帯があったので、そこにつくったのですが、広州にも夜間にしか配送できないという交通規制がありました。上海や北京になると一段と規制の数も増えて、渋滞解消のために、ナンバープレートの末尾の番号によって配送トラックが入れる日と入れない日があるといった具合です。そうしたさまざまな問題があるので、工場を中心としたカミサリーモデルは成り立ちにくかったわけです。

技術を盗まれないための ブラックボックスのつくり方

中国では日本におけるサイゼリヤの強みが活かせなかったわけですが、では、どうやって強くなっていったのか。

いくつか理由は考えられますが、規模が大きくなると、食材加工メーカーがこちらのスペックに合わせたものをつくってくれるというのがひとつめの理由です。

もうひとつ、ブラックボックスのつくり方を知っていたことも大きかった。ひとつの業者にすべてをまかせると、技術やノウハウ、レシピを抜かれます。原料Aはここから、原料Bはあそこからと分けて仕入れるようにしておけば、どう使っているのか、外部からは見えなくなります。

サイゼリヤもオーストラリア工場でホワイトソースを自作するまでは、そうやっていました。ホワイトソースの素はA社から、希釈する材料はB社から仕入れていて、それを各店舗で混ぜていた。混ぜる比率や工程は秘密です。混ぜる部分まで業者にまかせると、製品コストに含まれる人件費が上昇します。それに利益率がかかるため、自分たちでおこなうより高くなります。

そこで、できるだけ原料に近い状態で仕入れ、加工は自社でおこなうことで、結果的に安く済む。ただ、日本の場合は、各店舗で加工するよりも、工場でまとめて加工したほうが、さらに安くつくることができた。客単価に対する人的コストの割合が高すぎるから、ここを削る必要があったのです。

ところが中国の人件費は、以前より上がったとはいえ、客単価に対する割合でいえば、まだ安い。だから、多少原価が上がっても問題ありません。規模が大きくなると、その分人件費はかさむし、経済成長で給与水準は上がっていますが、マスの力で仕入れコストは下がる。そのバランスを上手にとってあげれば、店舗を組立工場に見立てて、パーツはそれぞれ別個に仕入れるというやり方でもうまくいくのです。

不買運動の標的にされないための戦略

2012年、尖閣諸島の国有化をきっかけに中国全土で反日デモがくり広げられたとき、サイゼリヤはすでに相当数の店を中国各地に展開していました。ところが、デモを終えた人たちは、帰りにサイゼリヤに立ち寄ってご飯を食べてくれた。そうして、めちゃくちゃ儲かったのです。この話をすると驚かれますが、本当です。サイゼリヤは、反日デモのターゲットにはされませんでした。

なぜなら、日本企業だとバレないようにしろと言い続けてきたからです。ふつうは店の看板やメニューに「ジャパン」「日本」と明記してあるのですが、それを絶対に許さなかったのです。

その昔、私はどこかの国で「おまえの国にソニーはあるか?」と聞かれたことがありました。ソニーがアメリカ企業だと思っている人がたくさんいたわけです。「これだ!」と思いました。だから、私も中国で、「おまえの国にサイゼリヤはあるか?」と聞かれるような会社を目指せ、と言っていたのです。サイゼリヤはイタリアンだから、イタリアの会社とでも思わせておけばいいのです。

「メイド・イン・ジャパン」に誇りをもつのは構いませんが、私たちは日本を売り込みに来たわけじゃない、自分たちの商品を売るために来たのだ、ということを強調しておきたいと思います。

台湾の店を視察に行ったとき、看板に「日本」と書いてあったのを、すぐに外せと言ったこともありました。台湾は親日家が多いので、日本と銘打ってもマイナス要素はないはずですが、念のためにそう言ったのです。

さすがにいまはSNSで何でも伝わってしまうので、サイゼリヤが日本企業だということは中国でもだいぶ知れ渡ってしまいましたが、あえて自分から言う必要はないと、いまでも思っています。

派手に遊び回るとつけ込まれることも

中国当局に狙われがちなのは、自動車や大手メーカーのような技術をもった会社か、流通大手のような規模の大きな会社です。サイゼリヤのようにローテクで規模の小さなレストランなど、はじめから視野に入っていないのです。だから、あんまり変なことをしなければ大丈夫。とにかく目立つのはやめよう、ということはよく言っていました。

よく聞くのは、幹部連中の派手な夜遊びが原因で出入り禁止になったとか、ハニートラップに引っかかったとか、そういう話です。治安のよくない国での度が過ぎた遊びは、命の危険と隣り合わせです。ベロベロに酔っ払って前後不覚に陥ったりしたら、身ぐるみ剥がされるだけでは済まないかもしれません。

住むところも、海外赴任中の日本人は高級マンションにまとまって住むケースが大半です。子どもがいる場合、日本人学校のスクールバスが来たりするので、やむを得ない面もありますが、サイゼリヤの社員は中国人が住む一般的なアパートに入居していました。そうやって目立たないようにしていれば、当局に目をつけられることもないはずです。

ロイヤリティをどう考えるか

2008年に北京、台湾、香港、シンガポールへと進出し、アジア事業が軌道に乗り、そこそこ利益が出るようになった段階で、ロイヤリティをとることにしました。そうしないと日本の国税庁ににらまれるからです。

税務当局からすれば、海外事業で稼いでいるのに、その儲けを本国に還元しないのは、売上を計上していないに等しい。彼らにしてみれば、とれるはずの税金がとれないのだから、当然です。

一方、現地法人の人からすると、高すぎるロイヤリティは、自分たちの儲けを他国の人間が掠め盗っているように見えてしまう。だから、グチグチ文句を言われることになりがちです。

この両者を満足させるのは至難の業ですが、少なくとも、現地スタッフのやる気を失わせるのは防ぎたい。そのためには、ロイヤリティの比率をできるだけ低く抑えることが肝要です。アメリカのディズニーのように、海外からのロイヤリティ収入が収益の柱になるようなビジネスモデルの会社ならいざ知らず、私たちサイゼリヤは、現地で出した利益は現地に還元するのが筋で、海外のスタッフは日本人のために働いているわけではない、というスタンスを貫いています。

それを証明するためにも、海外の儲けは全部現地通貨にしておくように、私は経理に強く言っていました。つまり、中国国内の儲けは元のまま、その他の地域もそれぞれ台湾ドル、香港ドル、シンガポールドルのまま銀行に預けておく。そして、現地のスタッフが疑うようなら、通帳を見せろと。そうすれば、日本側で勝手に「抜いていない」ことがひと目でわかるからです。いまはどうなっているかわかりませんが、私が社長だったときは、そのようにしていました。

第7章

何があっても従業員を守る

——東日本大震災とコロナ禍における危機対応

ギリギリ間に合った防災訓練

2009年に私が社長を引き継いだ時点で、サイゼリヤの防災対策は必要最小限レベルにとどまっていました。ほとんどの従業員は、災害時にどこに避難したらいいかも知らなかったと思います。

しかし、味の素で化学プラントを担当していた私にとって、人命に関わる事故は身近に起こりうる課題でした。

味の素では、毎年9月1日の防災の日に防災訓練がおこなわれていました。私の管理エリアよりガス漏れ事故が発生したという想定で、防護服を着た消防署員と一緒に取り組むような本格的な訓練を実施したこともありました。そのときの指揮官は私で、あれこれ指示を出すところを社内のビデオ撮影班に密着され、ガチガチに緊張して噛みまくるという恥ずかしい経験もしました。あとで聞いたところでは、私の登場シーンは、編集でほとんどカットされていたそうですが……。

通常の訓練では、メンバー全員の安否や被害状況の確認、対策の指示などを電話でおこないます。そのとき、防災企画チームが誰かをこっそり隠すことがある。その場合は「足りません」「連絡がとれません」という報告が来ないとおかしいわけで、忙しいからといって手を抜けないように工夫されていました。

そういう経験があったので、サイゼリヤでも、いざというときのための備えは必要だろうと考え、まずは味の素で採用されていた「防災カード」を取り入れました。災害のレベルや個々の役職に応じて色分けされ、白いカードを受け取った人は「安全が確認されたら直ちに帰宅しなさい」、赤いカードを受け取った人は「持ち場にとどまり、自宅にいるときは必ず出勤して対策をとりなさい」など、災害発生時に取るべき行動が記されたカードです。

２０１０年10月に新しくつくった「防災カード」を配布し、それから順次、全国の店舗ではじめての防災訓練をおこないました。全店訓練が終了しましたという報告が私のところに届いたのが２０１１年２月。その翌月の３月11日に、東日本大震災が発生したのです。

誰一人けが人を出さなかった東日本大震災

たまたま防災訓練を終えたばかりだったことは、運がよかったとしか言いようがありません。もし事前に何の準備もしていなかったらと思うとゾッとします。結果的に、地震発生後、従業員の安否確認がすみやかにおこなわれ、アルバイト、パートの家族を含め、誰一人としてけが人は出なかったという報告を受けました。

これは、あとからわかったことですが、2件、命に関わるような危険な状況まで起きていて、それを回避できたのは不幸中の幸いでした。

ひとつは、ショッピングセンター内の店での出来事です。地震発生後、センターの指示に従って屋上に避難したあと、大きな津波に襲われました。屋上にいたため全員無事だったのですが、パートさんが地震発生後すぐに家族を心配して車で家に帰ろうとしたのを、店長が引き留めていたのです。そのまま帰していたら危なかった。その後、別のところに避難していた家族とも連絡が取れ、全員無事だということがわかりました。

もうひとつの出来事は、福島工場で起きました。アンモニアタンクからガス漏れが発生して、従業員が漏れを止めに行ったという連絡があったのです。ゾッとしました。アンモニアガスは有毒であるだけでなく可燃性のため、ボルトを締めるときに火花が飛び散ると、すぐに引火して爆発する危険があります。福島工場には防爆型（金属部分が樹脂などでカバーされていて火花が飛ばない処理をされたもの）の工具を置いてなかったのではないか。そう思って青ざめましたが、結果的に爆発事故は起きませんでした。その従業員がスパナを水に濡らしてからボルトを締めてくれたからです。火花が出るのを防ぐ知恵でした。そういう知識をもった従業員がいたことに、心の底から感謝しました。

数日で、人的被害がなかったことが確認されました。従業員とその家族の命をひとまず守れたというのが大きかった。ただ、物的被害はかなり出ました。いくつかの店は水浸しになり、ある店長は、買ったばかりの新車が津波に押し流されていくのを店の屋上から見送ったそうです。後日、私はその駐車場を見ましたが、タイヤ痕がいくつも残されていました。車は決して水に浮いて流されるのではなく、ものすごい水圧でズリズリズリと引き摺られていくのです。金庫が流された店もありましたが、その後、見つかった金庫はなぜか扉が開いて中身がなかったという話もあります。

この話にはオマケがあって、私は二度と全社防災訓練を発令することができなくなりました。社長が防災訓練をやると指令を出すと、また地震が起きかねないと言われてしまったのです。それは冗談なのですが、それでも私の行動を縛るには十分でした。その後、地域の防災マップをつくっておくように指示を出しました。近隣の危険物や避難するための高い場所を認識しておくためで、それを毎年更新しています。

チリ鉱山の崩落事故から学んだこと

震災当日、私は横浜の関内で社内セミナーを開催していました。関内はもともと埋立地なので、地盤が弱い。非常に大きな揺れで地面が波打つのをこの目で見ました。

会場近くのホテルの1階にサイゼリヤの店があったので、とりあえずみんなでそこに逃げ込み、すぐに本社の総務部長に連絡して、対策本部をつくるように指示を出しました。対策本部長は本社にいた取締役が引き受けてくれたので、彼にまかせ、私は関内から徒歩で自宅に帰りました。

帰宅後、テレビで情報を集めながら、私は電話であちこちに指示を出しました。最初は従業員とその家族の安否と被害状況の確認が中心でしたが、数日で全員無事だとわかって、次に考えたのは、彼らのメンタルをどうやって安定させるかということでした。

それで、すぐに店舗の営業を再開するように指示を出したのです。

未曾有の大惨事を前にして、いくらなんでも早すぎないか、いま店を再開してもお客さまは来ないのではないか、とは考えませんでした。むしろ、いま彼らに必要なのは、やるべき仕事があることだと思っていました。

私の頭にあったのは、その前年、チリで起きたコピアポ鉱山の崩落事故のことでした。33名の作業員が地下深くの坑道に閉じ込められ、69日間にも及ぶ救出劇の末、全員無事に生還したというニュースは、世界中に驚きと歓喜をもって迎えられました。作業員たちが2か月以上も息苦しい——酸素不足解消のための通気口が必要だったそうです——閉鎖空間に閉じ込められて正気を保っていられたのは、仲間同士で支え合ったからであり、一人ひとりに役割が与えられ、それぞれのタスクをこなしていたからだ、と報じられていました。

私はもともと工場担当だったので、危機管理については人並み以上に敏感でした。タンク内でガスが発生して酸欠に陥ったり、モーターに巻き込まれたりする危険がつねに隣り合わせにあったので、人の命を預かる身として、いろいろな情報を頭に入れて、つねにシミュレーションしておくクセがついていたのです。チリ鉱山の崩落事故に注目したのも、そういう問題意識があったからです。

やることがあるから正気を保てる

だからこそ、私には確信がありました。こんなときなのに、ではなく、こんなときだからこそ、彼らには仕事が必要だと。

目の前の仕事をどんどん片づけ、自分に与えられた役目を全うする。地元の人たちに1日も早く、おいしい料理を食べてもらい、日常生活を取り戻してもらう。そういう目標があれば、人は前向きに生きることができるし、くよくよ考える時間もないくらい忙しくしていれば、少なくとも気は紛れます。しかも、自宅や避難所にこもっているより、店に出てきて職場の仲間と話をすれば、気持ちもやわらぐだろうし、店でつくるあたたかい食事を食べれば、元気も出るはずです。

現地には、地震や浸水でぐちゃぐちゃになった店舗の復旧と、1日も早い営業再開を指示した一方、本部にいるメンバーには、被災地で不足している物資の輸送と現地支援のために、救援隊として現地入りするように要請しました。連日、被災地の悲惨な状況をテレビで見ていましたから、躊躇するスタッフもいるかもしれないと思っていましたが、むしろ我先に「自分が行きます」と名乗り出てくれるスタッフがいたのは、うれしかった。サイゼリヤはもともと、人助けが大好きな人の集まりなのです。

なにしろ非常時ですから、「救援隊」と書かれた紙をフロントガラスに掲出しておくだけで、高速道路も自由に通行できました。現地から足りないもののリストを教えてもらい、緊急物資をたくさん詰め込んで運びました。パートさんたちにも店まで来てもらって、それらの物資を分ける。店に出てきさえすれば大丈夫だと思ってもらうことが大事でした。

津波被害にあった土地でトマト栽培を始める

震災から1週間が経った頃、津波をかぶってしまった田んぼはどうなるのか、と気になり出しました。塩害でしばらく米が栽培できないのではないか、そうなると被災地の農家が困ったことになる、と思ったのです。なんとか助けることはできないかと考えていたときに出てきたのが、米の代わりにトマトをつくるというアイデアでした。

トマトはもともと塩害に強い。図6のようなポット栽培も可能なので、土を持って

図6　ポット栽培のトマト

きてやれば土壌中の塩分は関係なく、放射能汚染の影響もほとんどないはずです。そう考えていろいろ調べてみたら、仙台にトマト産業はないことがわかりました。そこで仙台市役所に「被災地支援のためにトマト栽培をやりたい」「土地を借りられませんか？」と申し込むと、こう言われました。「非常にありがたい申し出ですが、遺体の回収が終わっていません。そちらを優先させてください」

そうしてしばらく待ったのち、市役所から連絡があって、「ここならお貸しできます」というので、1ヘクタールの土地を借りて、トマト栽培用のハウスをつくることにしました。第2章で述べたように、福島の農場にはハウスづくりの達人がたくさんいたので、彼らに仙台に行ってもらって、ハウスを建てたのです。

さらに、現地の若手の農家の人たちに「いっしょにトマトづくりをしませんか?」と声をかけ、何人かが手をあげてくれたので、彼らを研修生として受け入れ、トマト栽培を開始します。そこで最後まで残ってくれた人がいまでも手広くトマト栽培を手がけてくれていて、新たな産業として定着させることができました。

ひとつだけ付け加えておくと、私たちがトマト用ハウスを建てた周辺の田んぼでは、そのあとすぐに稲作が復活したそうです。もともとそれほど浸水していたところではなかったので、塩害の影響も小さかったようです。

あえて被災地に出店して新規雇用を創出する

私たちがもうひとつ考えたのは、被災地に雇用をつくりたいということです。既存店については従業員が忙しく立ち働き、営業再開に向けて奔走してくれているので、新しく店を出すことを考えました。他社が撤退しているところに積極的に出店することで、被災地を元気づけようと思ったのです。

そういう意図でしたから、通常であれば決して出店しないような条件でも、あえて出店することにしました。その代わり、あまり金をかけるなとは言っていました。いずれ撤退するかもしれないからです。しかし、いま何よりも大事なのは、そこに仕事があることです。短期間で立ち上げることに意味がありました。

そのうえで、店をオープンする前に、必ず地元の人、仮設住宅で暮らす人たちを招待するように指示を出しました。みなさんに喜んでもらうことが、私たちにとっても何よりのご褒美なのです。

ところがプレオープン当日、お店にやってきた人たちがキョロキョロあたりを見回しています。「マスコミはどこにいるの?」というわけです。

当時は復興支援のために、さまざまな人たちがボランティアとして現地入りしていましたが、なかには、支援とは名ばかりで、自分たちの宣伝に利用するような人もいたそうです。もちろん私たちにそんなつもりはなく、マスコミに事前に告知するといったことは一切していません。「おいしいから食べてね」「あたたかい食事を楽しんでね」という姿勢が基本なのです。そのことで、現地の人たちの信頼を得ることができました。

そうしてオープンした店の中に、イオン多賀城店がありました。その店に、たまたま客として居合わせたのが、のちにサイゼリヤの情報システム部門を率いることになるTさんです。

電力不足のために節電が実施され、ただでさえ暗い雰囲気に包まれていた被災地にあって、なぜかサイゼリヤの店内だけは、みんなが楽しそうに食事をしている。「これはいったいどういう会社なんだろう？」と興味をもったという彼は、実はきわめて優秀なシステムエンジニアであり、データサイエンティストでもあるという稀有な存在でした。その彼が、ＡＩ時代で引く手あまたのなか、あえてサイゼリヤを選んで入社してくれたのは幸運なことでした。彼がいなければ、サイゼリヤの情報システムはいまとはまったく違った形になっていたはずです。

コロナ禍にいち早く対応

中国の武漢で、原因不明のウイルス性肝炎による感染が起きたと公表されたのが2019年12月。翌2020年1月半ばには、日本国内でも初の新型コロナウイルス感染が確認され、2月頭には大型クルーズ船「ダイヤモンド・プリンセス号」が横浜港に入港。感染爆発による未曾有の大混乱が始まります。

当初、日本ではコロナウイルスを国内に持ち込ませない水際対策が中心でしたが、サイゼリヤの動きは早かった。中国にたくさん店を持っていたからです。現地の従業員を守るため、まだ日本で品不足が起きる前にマスクと消毒用アルコールを購入し、中国へ送ることにしました。大量の可燃物であったためアルコールを送ることはできませんでしたが、すぐに国内でそれを使わなければいけない状況になり、サイゼリヤは当面のあいだ、マスク切れ、アルコール切れを免れたのです。

マスクがきわめて重要だということは、はじめからわかっていました。味の素の研究所時代にウイルスの研究をしていたので、ウイルスの特性を知っていたからです。

空気感染が原因だ、いや接触感染もあるなどとさかんに報じられていましたが、出どころはみんな口ですから、口を閉じれば、ほとんど防げる。飛沫感染対策さえしておけば大丈夫だと思っていました。

国内でマスク不足が深刻化したときは、工場にあったマスクを全店に配りました。洗い方まで指導して、1枚を何回か使い回してもらうことで、なんとか在庫をつないで乗り切ることができたのです。

感染の恐怖から従業員を守る

感染の恐怖は、お客さまと相対する従業員にとっては避けがたいリスクです。少しでも彼らの負担を軽減するには、できるだけお客さまとしゃべらない工夫が必要でした。

まず、4月7日の緊急事態宣言（当初は首都圏、大阪、兵庫、福岡の7都府県が対象でした）に合わせて、300店を丸1日休業とし、従業員を休ませることにしました。ただでさえ感染の恐怖におびえているところに、疲れがたまると免疫力が低下して、さらにリスクが高まると考えたからです。店が入居しているショッピングセンターは、店子が勝手に休むとふつうは怒ります。文句も言われました。しかし、ショッピングセンターには家賃の一部を免除してもらうなどして、従業員を守りました。なぜなら、従業員を休ませるのがいちばんいいと思ったのです。

それ以降、夜間の営業をやめ、アルコールは1杯までに制限しました。酔っ払うと、どうしても大声で話す人が増え、しぶきが飛び散ることになるため、おかわり禁止にしたのです。ところが、おかわりしない代わりに、1・5リットル入りのマグナムボトルを注文するツワモノが出てきたりして、難儀しました。

5月にも、全店一斉休業日を設けて、客席を仕切るパーテーションを設置しました。さらに8月には、お客さまに会話も楽しんでもらえるように、マスクと店にある紙ナプキンで簡単につくれる「しゃべれるくん」を発表しました。「こんなのつけてられるか！」といろいろな人から文句を言われましたが、「店ではできるだけマスクを外さないでほしい」というメッセージは伝わったのではないかと思います。

手書き注文がスマホのセルフオーダー方式につながる

手書きのオーダーシートを導入したのも、お客さまに口を閉じてもらうためです。注文番号を紙に書いてもらえば、従業員はお客さまと会話をしなくて済みます。

また、メニュー価格を改定して、0円、50円というキリのいい数字にしたのも、会計の時間をできるだけ短縮したいと考えたからでした。

たとえばミラノ風ドリアが税込み299円だったのを税込み300円にしたわけですが、それによって会計がたいへんスムーズになりました。端数がなくなると、自分が食べた分を簡単に計算できるようになるので、グループで来店されたお客さまも、全員分をまとめて支払ってくれるケースが増えたのです。末尾が99円だったときは、みんなで割り勘にするときに、自分は何と何を食べましたと自己申告して、1人ずつ支払う方式が主流だったので、レジ前で滞留する時間は激減し、言葉のやりとりも必要最低限のあいさつ程度で済むようになりました。

このとき、タッチパネルによる注文システムを導入するチェーンが増えましたが、かなりコストがかかることと、液晶画面にタッチするため、それを拭いて消毒するという手間がかかることがネックとなって、サイゼリヤでは採用を見送りました。ところが、手書きのオーダーシートを採用していたことが、その後、思わぬ恩恵をもたらしたのです。

というのは、私が社長を退任したあとの2023年から、サイゼリヤではスマホによるセルフオーダー方式が始まりました。店のQRコードをお客さまのスマホで読み取ってもらい、人数を選択したあとは、紙のメニューに表示された注文番号をスマホ画面に表示されたテンキーを押すだけで注文できるという、きわめてシンプルなシステムです。

メニューは相変わらず紙に印刷したものを使い、デバイスもお客さま自身のスマホを利用するので、サイゼリヤが用意するのはスマホのアプリだけ。店舗据え置きのタッチパネル方式よりはるかに安く導入することができたようです。

機能が同じなら、できるだけ安くつくったほうがいいに決まっています。コストリーダーシップ戦略で「安さ」を強みとしている会社は、とにかく金を使わないことが肝要です。ふだんから切り詰める意識を徹底していないと、すぐにコストは跳ね上がるからです。

まわりがタッチパネルを導入しているからといって、それに追随しているだけでは、いずれシステム開発コストを吸収しきれなくなって、値上げしなければいけなくなる。それではコストリーダーシップは維持できません。

ちなみにこのアプリ開発を主導したのも、例の東日本大震災がきっかけで当社に来てくれたスーパーエンジニアでした。サイゼリヤはつくづく恵まれていると思います。

従業員を犯罪者にしない、させないために

コロナ対策とは別に、私がよく言っていたのは、会社から死者と犯罪者を出すな、ということでした。死者を出すなというのは、死亡事故や事件を起こさないというこ

とで、防災対策と防犯対策がそれに当たります。犯罪者を出すなというのは、従業員を犯罪者にしないこと、犯罪に手を染めたくなるような状況から従業員を守ることを意味します。

それについて、劇的に効果が上がったのは、自動釣銭機を導入したことでした。以前は、店を閉める前に、従業員が現金を数えていました。その様子を外から覗き見できるような構造の店だと、強盗に押し入られるおそれがありますが、それ以上に問題だったのは、ときどき店のお金がなくなることでした。いくら会社が性善説で動いているからといって、現金に直接触れる機会が多ければ、どんな人でも魔が差す瞬間がないとは言い切れません。

しかしこれは、店のお金に手を出してしまう従業員の問題というよりも、取りたくなるような仕組みになっていることが問題なのです。目の前にエサをぶらさげておいて、それを盗んだといってあとから犯人を捜すよりも、最初からエサを見せないようにしたほうが合理的です。そのための仕組みが、自動釣銭機の導入だったわけです。

自動釣銭機なら、現金を数えるのも一瞬で、正確な記録も残ります。ダーッと流れ出た現金をまとめて金庫に入れるだけですから、リスクのある時間がすごく短い。これだと、つい出来心で現金をちょろまかすということができません。その意味で、自動釣銭機の導入は大成功でした。

最近、無人販売所が増えています。誰もいない店舗から「モノや現金が盗まれた」「けしからん」というニュースをよく見るようになりましたが、私に言わせれば、盗んでくれといわんばかりの店をつくったほうが悪い。商品や代金を見守る人をなくして手抜きしたのは、売る側です。あんなふうに誰の目も届かないところに品物を並べておけば、つい取りたくなってしまうのが人情です。言ってみれば、わざわざ犯罪者をつくる仕組みになっているのです。

それと同じで、会社が本来、守るべき従業員を犯罪者にしてしまうような状況は、できるだけ排除しておくに越したことはない、というのが私の考えでした。

従業員は守っても、社長は守るな

会社が従業員を守るというのは、サイゼリヤでは、ごく当たり前の価値観でした。しかし、よその会社を見ていると、従業員は守るべき対象ではなく、使い捨てのコマであり、むしろ経営者を守るのが至上命題だと勘違いしている会社も、世の中にはあるようです。

私がよく言っていたのは、経営者は絶対守るな、ということです。従業員を守り、お客さまを守るためには、経営者を守ってはいけない。逆に、社長や会長を守るようになったら、会社は潰れる。従業員やお客さまをないがしろにして生き延びた会社などないからです。

守るべきは従業員です。お客さまも守るけど、まず従業員を守らないと、お客さまは守れない。だから、最初に守らなきゃいけないのは、あくまで従業員です。決して経営者ではありません。

会社が何か問題を起こしたとき、刑務所に入らなければならない人がいるとしたら、それは経営者です。そうすれば１人で済みます。結果として、会社と従業員の生活は守られる。そう考えると、経営者は正しいことをするしかないのです。悪いことをしていれば、いつ刺されるかわからない。自分の身を守るためにも、経営者は正しいおこないをするしかない。それが経営責任だと私は思います。

「ふざけるな」発言の真相

2021年1月13日の決算発表の場で、私が投資家のみなさんを前に、前日の西村康稔経済再生担当大臣のランチ自粛要請発言を踏まえて「ふざけるなよ」と言ったのは、アイスブレイクのつもりでした。事実、そのときの映像を見ると、私は笑みを浮かべていますし、周囲からも笑い声が聞こえてきます。

ところが、この発言が切り取られて大騒ぎになりました。

ただでさえ外食を控える雰囲気があるなか、相次ぐ時短要請で大幅な売上ダウンに見舞われたレストランは、体力のないところから閉店や撤退を余儀なくされていました。にもかかわらず、当初は大手チェーンが時短協力金の対象から外され、さらに追い打ちをかけるように、夜だけでなくランチまで自粛せよという大臣の発言があったわけです。それにぶちきれた私が「ふざけんなよ」と国にケンカを売ったというストーリーがまことしやかに語られ、一時は、私の名前で検索すると「ふざけるな」発言を扱った記事ばかりがヒットするほどでしたが、私にはそんなつもりは一切ありませんでした。

むしろ、この件で私の頭にあったのは、外食産業の業界としての発言力のなさでした。

外食産業は、今回のコロナ禍で最も被害を受けた産業のひとつです。それは、濃厚接触、飛沫感染が疑われる場としてレストランやライブハウスなどが狙い撃ちされたからですが、そうなった理由のひとつは、私たちの業界に力がなかったからではないか、業界団体が意見を集約して政治家にロビー活動をおこなっていれば、もっと違った景色が見られたのではないか、と思ったからです。

レストラン業界に発言力がなかった理由

たとえば、外食産業の市場規模はおよそ30兆円、トヨタ1社の売上高43兆5000億円（2024年3月期）に遠く及びません。外食産業が束になってかかっても、トヨタにかなわないのです。そんなスモールマーケットを、上場企業に限っても100社ほど、個人商店をあわせれば万単位の事業者が奪い合っているわけです。

レストラン業のオーナーは、一国一城の主みたいな人ばかり。一匹狼の集まりなので、徒党を組んで政治家や監督官庁に対して物申す、といったことはもともと得意ではありません。しかも、この業界のつねとして、土日もたいてい仕事があるため、選挙には行けないという人も少なくないのです。

ところが、そこで働く人の数はおよそ400万人。合計すれば、かなりのボリュームです。この人たちが一致団結して投票行動に出たら、大きなパワーになります。そうなると政治家も無視できない。少なくとも、国民の不満をそらすためのスケープゴートのような扱いは避けられたのではないかと思います。

私がよくたとえとして挙げていたのが、レオ・レオニ作、谷川俊太郎訳の絵本『スイミー　小さなかしこいさかなのはなし』（好学社、1969年）です。1匹1匹は小さくとも、小さな魚が集まって大きな魚のふりをして泳げば、大きな魚にも対抗できる。それと同じで、外食産業の人たちも力を合わせれば、もっと大きな力を発揮できると考えたのです。

ノーサイドという考え方

市場に競争はつきものですが、小さなパイを奪い合うだけではつまらない。コロナ禍のような非常事態に、消耗戦を戦ってみんなで等しく疲弊するよりも、むしろお互いに協力して、パイそのものを大きくすることはできないか。それには、それぞれがもつ技術をオープンにして、業界全体でそれを利用できるような仕組みがあればいいと考えました。競合の垣根を取り払って手を組むというわけで、ラグビーでいうノーサイドの考え方です。

言い出しっぺは自分ですから、第一の模範を示そうということで、サイゼリヤが開発した技術をオープンにして、業界のみなさんに使ってもらおうと別会社を立ち上げました。スイミーの例になぞらえていえば、サイゼリヤがスイミーのように大きな魚の「目」になればいいと思ったわけです。

その技術とは、排水システムです。

レストランの構造は、排水システムによって大きな制約を受けています。厨房からフロアに排水を流すために段差が必要で、油を分離する機械の高さが30センチほどあるため、床全体を30センチ底上げしなければいけないのです。すると、店のオペレーターはその段差を1日に何度も上り下りすることになります。その負担は決して小さなものではなく、1年間で富士山を何回か登る計算になるそうです。

この油分離機について、私はずっと疑いの目を向けていました。私は味の素時代、工場排水も見ていましたから、それと比べると、かなりうさんくさい感じがしたのです。実際、油をうまく分離できないから配管が詰まり、それによって液漏れが発生する。ショッピングセンターに怒られるのは、たいていそうした液漏れが原因でした。

だから、そのシステムを全部変えたのです。

この技術によって床の底上げをする必要がなくなり、フラットな構造になった結果、店舗の建設費も大幅に下がりました。その技術をオープンにしたのです。同業者にはたいへん好評で、すぐに何社からも引き合いがありました。

ちなみに、その技術の根幹となる機械をイギリスから輸入していて、それをつくっているのは、おじいちゃんが経営する小さい会社です。あまりたくさん買ってしまうと、すぐにモノがなくなってしまう。早い者勝ちかもしれません。興味ある人は「グリスシールド」を検索してみてください。

エピローグ　社長業の13年を振り返って

2022年にサイゼリヤの社長を退任してから1年半以上の時が経ちました。いまの私がみなさんにお伝えしたいのは、「社長業は楽しい」ということです。それは、すでに退任した気安さから言うのではありません。むしろ、自分ですべての責任をとれることの気楽さから来る本音です。

2009年に社長を拝命して最初の3か月はプレジデントブルーで落ち込みました

が、失敗してもいなくなるのは社長の自分だけ、と悟ってからは、かえって気楽になりました。

社長時代の私を見て、「いつも怒ってばかりだったじゃないか」という人がいるかもしれません。たしかに「なんでこんなことができないんだ」という思いがあったことは否めませんが、私がつねに怒っているように見えたとしたら、それにはきちんとした理由があるのです。

私が正垣会長に言われていたのは、「おまえは仁王さんになっとけばいいんや」ということでした。お寺の山門に阿吽の「阿形《あぎょう》」像と「吽形《うんぎょう》」像の2体1組で配置されている仁王像のことで、彼らはつねに怒っています。つまり、会長はお寺の本堂の中にいる仏さんで、私は門番の仁王さんということです。だから、怒っていいんだというわけです。

上司が怒るとすぐにパワハラだと言われてしまう世の中になって、かつての私のやり方はそのまま通用しなくなってきたかもしれませんが、表向きは怒っているように見えても、私はいつも真剣に、前向きに、社長業を楽しんでいました。

結果にかかわらず、やってみたいと思ったことをやってみる。仮に失敗しても自分が辞めればいい、自分で責任をとれるというのは、本当に気が楽なのです。

逆に、気が重いのは、自分で責任をとれないときです。自分自身の失敗なのに、別の誰かが責任を負わされるというのは、非常に苦しいし、情けない。耐えがたい苦痛です。

社長には、そうした心配はありません。失敗したら、自分が辞めればいい。だからこそ、自由に、いろいろチャレンジができる。社長になると苦しいという人がいますが、それは本当に、本心からそう言っているのかなあと、私は思います。

社長時代の私は、誰よりも遅くまで会社に残っていました。「社長、お先に」と言ってみんなが帰っていくのを見送っていたのです。もし私が誰よりも遅く出社し、誰よりも先に帰って、そこらじゅうで遊び歩いていたら、きっとみんなの反感を買ったと思いますが、それはなかった。あいつも一生懸命働いているからなと、そこは認められていたのではないかと思います。

外部からやってきた私が社長になったことで、もしかしたら、誰かの恨みを買うことがあったかもしれません。しかし、私はそうした反発を真正面から受けたことはありませんでした。「社内政治がない」のもサイゼリヤが奇跡の会社である理由のひとつだという話を、本書のプロローグでしました。プロパーではなく、しかも怒ってばかりの私を排除しようとする動きが社内で見られなかったことも、サイゼリヤの奇跡の証拠のひとつとして、挙げられるのではないでしょうか。

もちろん、そうした動きが抑えられていた背後には、間違いなく正垣会長がいました。会長の支えがあったから、私は社長業を自由に、心の底から満喫することができたわけです。

社長だった期間、私はさまざまなことを見て、考え、考えたものを具現化することができました。この楽しさはなにものにも代えがたい。見て、考えることは誰にでもできますが、それを数億円、数十億円、数万人という規模で具現化することは、ほかでは絶対に得られない貴重な経験です。

この楽しさを自分1人が味わうだけでは、もったいない。そう考えて、いまは社長業の楽しさをみなさんに伝えることが私の使命だと思っています。本書が少しでもその役に立っていることを願ってやみません。

最後に、長きにわたり社長を務めさせていただけたのはひとえに、お客さまと従業員のみなさんのおかげと思っています。本当にありがとうございました。

2024年4月

堀埜一成

サイゼリヤ元社長が教える
年間客数2億人の経営術

発行日　2024年5月24日　第1刷
　　　　2024年6月24日　第2刷

Author　堀埜一成

Book Designer　山之口正和＋齋藤友貴（OKIKATA）

Publication　株式会社ディスカヴァー・トゥエンティワン
〒102-0093　東京都千代田区平河町2-16-1 平河町森タワー11F
TEL　03-3237-8321（代表） 03-3237-8345（営業）
FAX　03-3237-8323
https://d21.co.jp/

Publisher　谷口奈緒美
Editor　千葉正幸　（編集協力：田中幸宏）

Distribution Company
飯田智樹　蛯原昇　古矢薫　佐藤昌幸　青木翔平　磯部隆　井筒浩
北野風生　副島杏南　廣内悠理　松ノ下直輝　三輪真也　八木眸　山田諭志
小山怜那　千葉潤子　町田加奈子

Online Store & Rights Company
庄司知世　杉田彰子　阿知波淳平　大﨑双葉　近江花渚　滝口景太郎
田山礼真　徳間凜太郎　古川菜津子　鈴木雄大　高原未来子　藤井多穂子
厚見アレックス太郎　金野美穂　陳玟萱　松浦麻恵

Product Management Company
大山聡子　大竹朝子　藤田浩芳　三谷祐一　千葉正幸　中島俊平　青木涼馬
伊東佑真　榎本明日香　大田原恵美　小石亜季　舘瑞恵　西川なつか
野﨑竜海　野中保奈美　野村美空　橋本莉奈　林秀樹　原典宏　星野悠果
牧野類　村尾純司　元木優子　安永姫菜　浅野目七重　神日登美　波塚みなみ
林佳菜

Digital Solution & Production Company
大星多聞　小野航平　馮東平　森谷真一　宇賀神実　津野主揮　林秀規
福田章平

Headquarters
川島理　小関勝則　田中亜紀　山中麻吏　井上竜之介　奥田千晶　小田木もも
佐藤淳基　仙田彩歌　中西花　福永友紀　俵敬子　斎藤悠人　池田望
石橋佐知子　伊藤香　伊藤由美　鈴木洋子　藤井かおり　丸山香織

Proofreader　株式会社T&K
DTP　株式会社RUHIA
Printing　シナノ印刷株式会社

ISBN978-4-7993-3039-5
SAIZERIYA MOTO SHACHOU GA OSHIERU NENKAN KYAKUSUU 2 OKUNIN NO KEIEIJUTSU
by Issei Horino